AF351387

Diagramación : Paúl Espinoza(pol).
Diseño de Portada: Fernando Reascos
Edición: Verónica Echegaray y Santiago Ponce
Impreso en Ediciones Ecu@futuro
Quito-Ecuador 2012

Registro Nacional Número 001036

Indice.

Nivel Básico Intermedio.

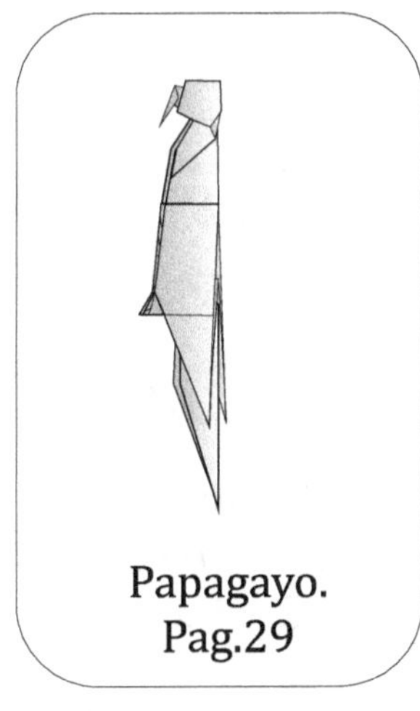

Papagayo.
Pag.29

Cóndor Andino.
Pág. 32

Grulla Heart
Pag. 38

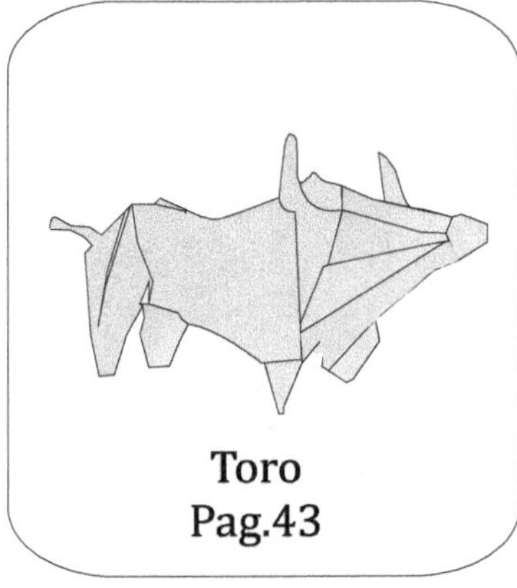

Toro
Pag.43

Elefante
Pag.51

Tiburón
Pag.62

Alpaca
Pag.74

Bebé oso
de anteojos
Pag.85

Pájaro
Pag.94

Zorro
Pag.101

Prólogo.

Cuando el origamista y caricaturista ecuatoriano Paúl Espinoza (pol) me pidió que realizara este prólogo, la primera pregunta que se me vino a la mente fue: ¿Por qué a mí que sé muy poco de Origami? Después de una larga conversación y con la lectura previa de su libro pude encontrar varias respuestas.

Comenzaré diciendo que es un honor para mí aparecer en estas líneas y sin ánimos de llegar a la zalamería puedo sostener que Paúl se ha abierto un camino propio dentro del mundo del Origami, encontrando el sentido de la forma y el fondo. No sólo se limita a la habilidad de doblar el papel, sino que por medio del mismo transmite un mensaje perdurable en la identidad.

Hace y rehace figuras que más allá del imaginativo se adentran a una realidad y a un contexto en el que todos podemos sentirnos identificados.

Su sentido creacional es diferente al de la mayoría de artistas que únicamente buscan figurar. No es un nombre más puesto en la portada de un libro, no es sólo el que dicta talleres, colabora con publicaciones latinoamericanas o aparece en encuentros de origamistas. Su trabajo tiene un universo propio y eso es justamente lo que lo hace especial dentro de las pocas personas allegadas a mi locura.

Encontrarse con un papagayo, un cóndor andino o una alpaca en un libro de Origami son cosas imperecederas que van determinando el estilo del autor y además indican la meta hacia donde desea llegar, pues se aleja de estereotipos tradicionales y modas absurdas que mantienen esclavizadas a nuestra sociedad.

Su arte estimula la paciencia y la dedicación. Paciencia descrita trazo por trazo, no en formas matemáticas, sino en formas semióticas y por ende comunicacionales. Y dedicación,porque sólo con ella podemos construir un mejor mundo, alejados del conformismo.

De igual manera, sólo los que realmente conocen a Paúl pueden dar crédito de su valía como artista. Yo soy uno de ellos,por eso como dije en la primera página,es un honor para mí escribir estas líneas.

Los incrédulos de su arte, los que dijeron que nunca llegaría lejos realmente jamás lo conocieron, quizás este libro les permita conocerlo mejor,aunque sé que este no es el propósito del autor.

Diego Riofrío Vivanco
Quito, 2 de enero del 2012

1.Análisis del diseño visual en origami

Todo arte pasa por etapas históricas que son influenciadas por el convivir social y cultural. En el caso del Origami, en sus inicios este conocimiento fue actividad exclusiva para la élite de la China milenaria, luego pasa al Japón y en este país se desarrolla.

Sin embargo, este arte milenario atraviesa por una evolución fundamental y en este redescubrimiento, emergen los estudiosos de dicho arte como: Peter Engel, Joseph Wu, Kunihiko Kasahara, Román Díaz, entre otros; quienes lo estudian a profundidad y lo elevan a un plano más técnico.

El presente trabajo es un acercamiento para entender la aplicación del Origami en el campo de la comunicación visual, comprendiendo con anterioridad que el proceso para diseñar una figura es muy complejo. Se lo puede hacer a partir de un simulador computacional, cálculos matemáticos, la clásica prueba y error, entre otras.

El Origami y sus diversos estilos de plegado ha generado un gran impacto visual, por tal motivo cabe plantearse la siguiente pregunta: ¿Qué elementos están involucrados para generar un alto grado de comunicación visual en un espectador?

Para lograr responder esta pregunta, es necesario llevar acabo un análisis comunicacional, partiendo de conceptos teóricos claves que ayudarán a responder, sin dejar de lado, la necesidad de una práctica constante y un estudio más serio de este arte-técnica.

El ensayo se centra en un recorrido analítico-visual, partiendo desde el entendimiento del color, la forma, el equilibrio, etc. Para ello trataremos de definir algunos conceptos claves para entender la conformación visual de un Origami y cómo esta técnica de plegado puede ser un elemento cargado de significación.

1.1 La percepción en Origami.

El cerebro humano organiza las percepciones como totalidades ya que nuestro entorno esta cargado de objetos y estos poseen formas que pueden ser redondas, cuadradas, simétricas, asimétricas, etc. Cada sentido decodifica esta información y en nuestra mente se genera la relación sujeto-objeto construido.

El arte-técnica denominado Origami, cuyo significado es doblar papel (oru: doblar y kami: papel), también percibe sus variadas formas como un conjunto de totalidades, partiendo de la base: que la percepción es la vía de adquisición del conocimiento del mundo y por lo tanto determinante en el posterior desenvolvimiento y configuración de la *psique.*[1]

En el caso de un sujeto social que llega a un nuevo entorno o ambiente, al relacionarse con el mismo empieza a conocer, construir y configurar en su mente -a partir de funciones fisiológicas complejas- la forma objetual.

Pero en el Origami, una figuración de esa realidad es una representación imaginaria de un sujeto. El motivo de mencionar sujeto-objeto construido, es por la sencilla razón de que en el Origami se construye a partir de nuestra *psique*, del conocimiento del yo con una realidad.

Esta realidad se representa en varias formas que pueden ser desde las más simples hasta las más complejas. Las configuraciones poseen una carga visual compuesta por lineamientos de diseño preestablecidos e incluso las configuraciones básicas son las más complejas de llevar a cabo, porque éstas conjugan formas reconocibles para un sujeto y que a la vez la construye en su *psique*.

1.-*La psique, del griego , psyché, «alma», es un concepto procedente de la cosmovisión de la antigua Grecia, que designaba la fuerza vital de un individuo, unida a su cuerpo en vida y desligada de éste tras su muerte. El término se mantiene en varias escuelas de psicología, perdiendo en general su valor metafísico: se convierte así en la designación de todos los procesos y fenómenos que hacen la mente humana como una unidad.*

Para comprender lo antes ya mencionado presentamos algunos ejemplos de acuerdo a lo que plantea *las leyes generales de la percepción,*[2] ya que es necesario partir desde lo más simple y básico para poder embarcarnos en el campo de lo visual. En este caso iniciaremos con los siguientes ejemplos:

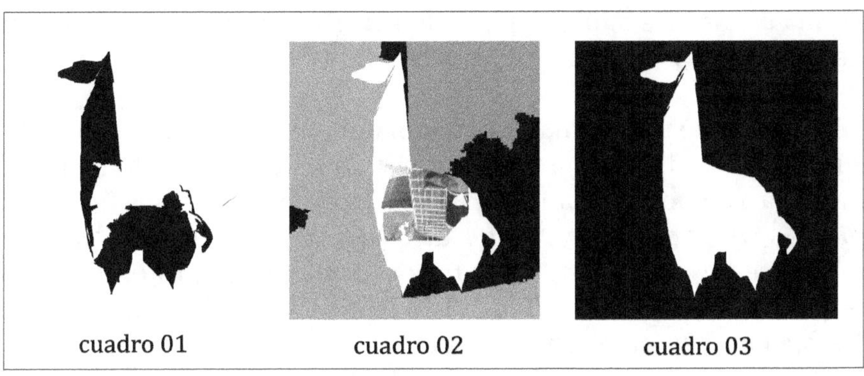

"Este fenómeno tiene que ver con la anatomía del ojo, cuya retina en su zona central posee una mayor cantidad de receptores que en la zona periférica lo que ofrece una zona de mayor definición. De la misma forma funciona la conciencia, con un foco al que llamamos "figura". El conjunto figura-fondo constituye una totalidad o gestalt."[3]

En el caso de estos tres ejemplos, parte desde un ordenamiento visual e identificación de la forma, nuestra percepción visual trabaja en ambos campos (fondo y forma) a pesar de que cada cuadro posee su característica.

2.-Las leyes de la percepción fueron enunciadas por los psicólogos de la gestalt, (Max Wertheimer, Wolfgang Köhler y Kurt Koffka); quienes en un laboratorio de psicología experimental observaron que el cerebro humano organiza las percepciones como totalidades (Gestalts) de acuerdo con ciertas leyes a las que denominaron "leyes de la percepción". Estas leyes enuncian principios generales, presentes en cada acto perceptivo demostrando que el cerebro hace la mejor organización posible de los elementos que percibe, y asimismo, explican cómo se configura esa "mejor organización posible" que es a través de varios principios a los que llamaron Las leyes de la percepción.
obternido en linea el 30 de septiembre del 2011 en: http://www.guillermoleone.com.ar/leyes.htm

3.- Obtenido en línea el 30 de septiembre del 2011 en: www.scribd.com. "leyes de la Gestalt"

Podemos identificar un animal en las imágenes (cuadro 01, 02, 03), en cambio en el cuadro 2, se centra en la forma a pesar de que posee un clara imagen subliminal de fondo, pero nuestra atención se basa en la forma primera: el animal, en el cuadro 3, en cambio, se genera una mejor lectura y comprensión de la imagen, es más simple y sencillo para percibir la forma y el fondo. La ley del fondo y la forma es una de las más aplicables y comprensibles al Origami. En el caso de una composición visual y resaltamiento de la misma.

¿Qué hace que una forma de Origami obtenga más valor estético en su diseño y mejor apreciación visual? Otra ley gestaltica nos ayudará a responder esta pregunta, esta ley menciona que *"la buena forma se basa en la observación de que el cerebro intenta organizar los elementos percibidos de la mejor forma posible, esto incluye el sentido de perspectiva, volumen, profundidad, etc. El cerebro prefiere las formas integradas completas y estables".*[4]

Aquí se enuncian dos conceptos claves al realizar la construcción de una figura de Origami: observación y organización; no solamente al momento de realizar una buena fotografía, sino al diseño del mismo, aunque en el Origami existen figuras de  aspecto plano, estas poseen elementos para que sean apreciables (simplemente revisando los Origamis de Akira Yoshizawa). La ley de forma se expresa en un nivel del pensamiento cuando rechazamos algo inacabado o defectuoso. Hay personas que al ver una casa la imaginan con todas las mejoras que harían y otras solo ven "lo que se ve". Cada sujeto o destinatario posee su *psique* y su forma de percibir una realidad, pero lo que si queda claro es que cada uno tiene una tendencia a la búsqueda de buenas formas en lo que percibe ya sea masculino o femenino. Pero estamos planteando el análisis origamístico.

4.- *Ibidem 1.*

Como en el caso de la fotografía anterior podemos identificar claramente al caballo, incluso al monje que acompaña la foto. Es aquí donde se empieza a buscar la forma perfecta y más detallada, es decir: hubiera sido mejor usar un fondo medieval o quedaría mejor diseñar al monje con un bastón, el caballo con su jinete y el brujo con un libro en su mano etc. o quizá la intención del autor del diseño y la fotografía eran otra.

Claramente se cumple la ley antes citada, por tal motivo no necesariamente tiene que ser un Origami totalmente detallado. Con unas simples formas se puede generar una estética insuperable. Obviamente cada origamista posee su estilo y su arte-técnica de plegado. Y de ahí proviene algo que es conocido en el mundo del Origami, la interpretación de la realidad.

Luego de analizar al Origami en el campo de la percepción abordaremos un tema más complejo: el campo semiótico.

1.2 Semiótica del Origami.

En este campo se presenta un asunto a resolver: el signo. Supongamos que se desea diseñar un toro, al nivel origamístico existen muchos diseños de este tipo, algunos con formas básicas y otras con diseños más complejos, citemos el toro de Eric Josiel, que se presenta como un diseño más realista y orgánico. ¿Pero qué signos permiten identificar al arte-tecnica origami? Iniciemos con la palabra signo: *"es un conjunto de elementos que están en lugar de otra cosa y que la designan (...) es una representación de la realidad representada"*[5]

La mayoría de los diseños en Origami son representaciones de la naturaleza. La palabra "plegado" es el signo de esa realidad, sin dejar de lado que el signo es también una intepretación. Un diseñador de Origami entabla una conversación con el objeto percibido y los pliegues (signos) son un modo de apropiarse de dicha realidad.

5.- Zechetto, Vitorino, La danza de los signos, Quito-Ecuador, ediciones Abya-Yala. 2002, pág 66

Según la concepción del filósofo y lógico estadounidense Charles Sanders Pierce *"un signo es algo que está por alguna otra cosa y que es entendido o tiene algún significado para alguien. Un signo se utiliza como sustituyente de otra cosa para transmitir algún concepto acerca de la misma (...) Pierce lo denomina representamen (o signo propiamente dicho), objeto e interpretante a cada una de las tres categorías intervinientes. El representamen es el signo sustituyente, el objeto, la cosa sustituida y el interpretante la idea que transmite acerca de esa cosa".*[6]

El signo no sustituye al objeto en su totalidad significativa, sino que solamente recubre algún aspecto de el y por lo tanto el interpretante que produce nunca agota la posibilidad del conocimiento del objeto.

Para entender de mejor forma lo que menciona Pierce citemos el siguiente ejemplo: "papel rojo" la primeridad es la impresión primera "está rojizo", la secundidad es la toma de posesión de la primeridad, se relaciona con lo anterior, en este caso "rojo" y luego se complementa con la unión de la primera impresión y la segunda, llegando al tercero "este papel es rojo". Entendida la fenomenología de un signo. Citemos otro ejemplo para comprender mejor el concepto de Pierce, una foto de un Origami, un pliegue. El reperesentamen es la figura que se conforma con esos pliegues, el interpretante es lo que se conoce sobre ese objeto, es decir; plegado, papel, Origami, etc. Y con estos nuevos conceptos se llega a conocer el objeto, por ejemplo un toro de Origami plegado en papel rojo.

El origamista se posesiona de este signo para llevar a cabo sus diseños, pero ¿Qué elementos conlleva a realizar un diseño visual con una carga semiótica? Uno de estos elementos es el desarrollo de figuras Origami a partir del uso *grafial,*[7] campo estudiado por Kunihiko Kashara, Fushimi, Meguro, Maekawa, entre otros.

6.- Obtenido en línea en www.scribd.com el 28 de Septiembre del 2011
.Caviano Luis, Semiótica de lo visual, Universidad de Buenos Aires y CONICET, 2005, pag 3

7- En matemáticas y en ciencias de la computación, la teoría de grafos (también llamada teoría de las gráficas) estudia las propiedades de los grafos (también llamadas gráficas). Un grafo es un conjunto, no vacío, de objetos llamados vértices (o nodos) y una selección de pares de vértices, llamados aristas (edges en inglés) que pueden ser orientados o no. Típicamente, un grafo se representa mediante una serie de puntos (los vértices) conectados por líneas (las aristas).obtenido

Para comprender mejor lo antes mencionado, cómo actúa el signo en el campo del Origami, citemos los siguientes ejemplos.

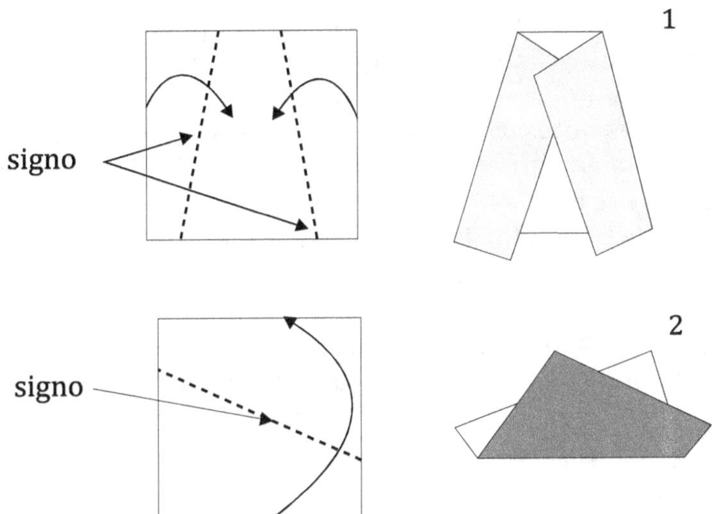

En conclusión, al trazar unos grafos, que vendría a ser el signo a nivel comunicación. Es decir; los elementos antes citados generan una percepción de formas, con simples dobleces se convierte en un objeto con una carga semiótica.

De esta manera, un Origami es un signo espacial que puede ser percibido a través de los canales auditivo, táctil, olfativo o visual y sus diseños se complementan con forma, textura, *cesias*[8] colores, y movimiento, llegando a convertirse en un imagen de impacto hacia un nivel de apreciación escultural. Estos elementos se mezclan en el desarrollo de una figura en Origami, combinándose con varias técnicas de plegado,se llega a producir una gran cantidad de diseños visuales, pero lo mas difícil para un origamista o una artista, es encontrar su estilo de diseño.

8.-*La cesía es el aspecto de la visión que está relacionado con la percepción de las diferentes formas de distribución de la luz en el espacio, lo que Richard Hunter (1975) denominará "atributos geométricos de la apariencia". Ahora bien, el sistema visual humano los percibe decodificándolos e interpretándolos como signos visuales que le informan sobre ciertas cualidades de los objetos que lo rodean: nivel de claridad u oscuridad, grado de opacidad, brillo, transparencia, traslucencia, cualidad de mate, etc. Son justamente este tipo de perceptos visuales los que se engloban bajo el nombre genérico de cesía.Obtenido en ñínea en www.scribd.com el 28 de Septiembre del 2011*

1.2.1. Texturizando la pre arte técnica.

Es bien sabido que existe diferentes tipos de papel en el mercado actual, pero también un origamista profesional pude desarrollar varias técnicas para lograr un buen papel con textura.

Antes de iniciar, es necesario conocer un poco sobre el color y su comportamiento perceptual, es decir; el color es la cualidad fundamental de la visión: siempre que se produce la percepción visual, su vehículo es el color. La percepción visual del entorno es el resultado de las diferencias de color observables en el campo visual.

"El color es un atributo que percibimos de los objetos cuando hay luz. La luz es constituida por ondas electromagnéticas que se propagan a unos 300.000 kilómetros por segundo. Esto significa que nuestros ojos reaccionan a la incidencia de la energía y no a la materia en sí."[9]

La teoría del color se refiere al color como sensación: sus atributos, propiedades, su combinatoria, sicología, simbología, y de manera general, el color juega un papel muy importante en el diseño y especialmente en las Artes visuales, ya que lo percibido como color, es luz.

Cuando percibimos un color en nuestro entorno visual, vemos las radiaciones de la luz blanca que los objetos absorben o reflejan, de acuerdo a lo demostrado por Isaac Newton en 1776, quien utilizo un prisma de cristal.

El color es importante en el campo de su significación y construcción, ya que una figura de origami debe dejar de ser estática y vacía, debe poseer un mensaje una combinación, esto dependerá del emisor y el grado de connotación que se le desea dar. Pero queda claro que para llegar a ese nivel extremo de comunicación visual sígnica, se requerirá de mucha práctica y estudio del arte-técnica.

9.- "Teoría del Color."Obtenido en línea el 13 de se tiembre del 2011 en www.scrbid.com.

p

El diseño de un origami depende mucho del papel, simplemente citemos un caso práctico: desarrollemos uno de los modelos del libro aquí presentes en varios tipos de papel e inmediatamente el impacto visual será diferente según el papel utilizado para el diseño.

Existen dos tipos de texturas; la táctil y la visual. En el caso del Origami, las dos son importantes ya que se genera percepción, pero para nuestro análisis la textura visual se refiere *"a aquellas texturas impresas que imitan la realidad, como puede ser el caso de la arena, la piedra o las rocas, pero además, lo que permite es la creación de texturas aunque no tengan su correspondiente versión en la realidad"* [10]

En tanto, la textura ocupa un lugar preferencial en el ámbito del diseño, ya que es la que le aportará sensaciones al receptor. Las texturas están a la orden del día y son una parte casi diaria de los entornos que pisamos, vivimos o visitamos.

Además, la maleabilidad y conjunción de texturas que puede vincular el diseño, ya que en el no todo pasa por lo estrictamente escrito. Nos permitirá darle a un espacio determinado, diferentes tipos de sensaciones, añadirle

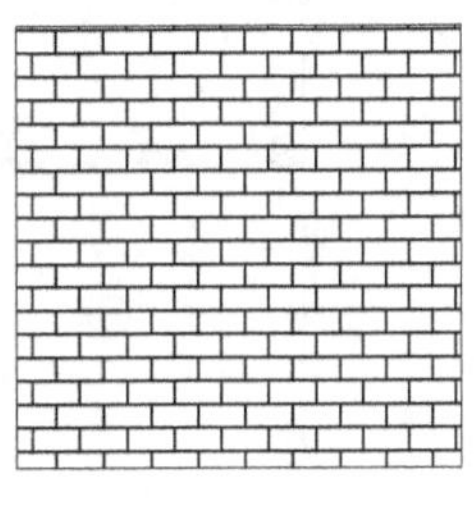

riqueza, dimensión y personalidad, según corresponda. Por tal motivo el tipo de papel a ser utilizado es muy importante si queremos realizar la expresión visual de un origami.

Las texturas son muy estudiadas en el diseño básico se las puede realizar en cualquier programa de diseño, como las citadas en este libro. Algunos origamistas utilizan tintes vegetales y lo adhieren al papel; depende mucho de la figura y de lo que se quiera comunicar.

10.- "Definición de texturas." Obtenido en línea el 13 de septiembre del 2011 en: http://www.definicionabc.com/general/textura.php.

De a poco aparecen elementos visuales que ayuden a comprender de mejor forma el impacto visual de un Origami. Ahora abordaremos otro tema que se vincula mucho con el Origami y la semiótica. Trataremos de ser lo más prácticos posibles, tomaremos unas de las figuras citadas en este libro: el toro, el cual parte de una base de cerdo

Elaboración de la base tradicional de Origami
Base de cerdo

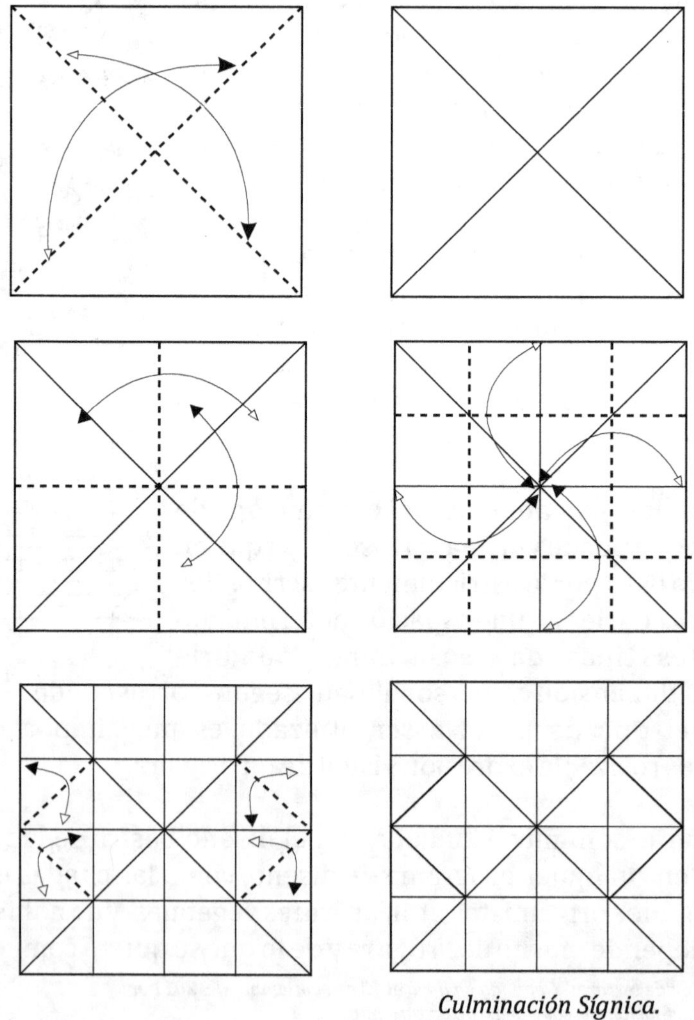

Culminación Sígnica.

CP (Base de Cerdo)

En la parte de abajo poseemos el CP (patrón de doblado) del toro realizada con la base del cerdo. Al variar un poco la bases se obtiene grafos sígnicos que convierten totalmente a la figura en el diseño que buscamos, en este caso, observamos el CP ; (este se obtiene al desdoblar una figura de Origami y como resultado una infinidad de grafos) con diseño inorgánico que puede convertirse en orgánico. Dicho proceso se logra de acuerdo al pliegue que se desea desarrollar. Los signos generan connotación visual, eso dependerá mucho de la interpretación del plegador y de esta forma el Origami sube a un nivel de interpretación sígnica.

En este aspecto, lo antes ya mencionado, el Origami se convierte en un arte-técnica, por el simple motivo del tipo de pliegues(rectos o curvos) técnica de plegado(húmedo, seco, tradicional, cuadrícula, etc), tipo de papel etc. elementos utilizados en un modelo y como estos van a influenciar en el diseño del Origami, en este caso el diseño del toro es de intepretación personal no finalizada, pero con grafos prediseñados con anterioridad (base de chancho) el motivo de que su diseño este

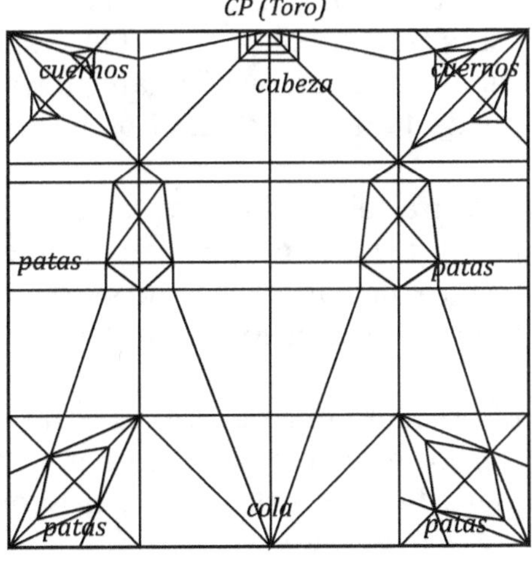

CP (Toro)

en un nivel de interpretación, se debe simplemente al desarrollo de la imaginación de quien lo pliega.

El trayecto del arte y su conjunción con la técnica en el caso del Origami, se concatenan en un campo muy rico y versátil. Tampoco se desea reducir la expresión humana a un solo arte, es solamente una raíz de un gran árbol.

Al plegar un modelo de Origami de cualquier autor, siempre se pone a prueba el carácter y la paciencia; no todos los diseños poseen la misma facilidad y esto conlleva a muchos problemas de quien lo pliega y simplemente recae en la apreciación visual. El reto de un plegador intérprete es la generación de ese tipo de pregnación visual semántica, por no decirlo de otra forma.

Muchos elementos interviene en el Origami, por tal motivo, en el transcurso de su larga historia ha evolucionado a un plano más complejo, tanto en el campo técnico, científico, educativo, terapéutico, artístico, holístico, etc

El Origami se inscribe en un adentramiento-sígnico(grafo), que es reconocible para las personas y ese signo se compone de elementos visuales gestálticos reconocibles y apreciables por un receptor, de ahí recae en la ordenación de formas y fondos: simétricos y asimétricos con un orden espacio-tiempo, concluyendo que cualquier diseño en Origami, lleva su ritmo y su tiempo, su trabajo puede durar un día, minutos, horas, y años.

Llevar a cabo la interpretación de una realidad impregnada en un papel, es un camino largo, con mucha práctica y estudio de este arte-técnica llamado Origami se puede lograr con el transcurrir del tiempo y se transforma en algo muy fascinante.

El presente libro es un acercamiento hacia ese mundo gestáltico sígnico origamístico, Para entender este tipo de arte es necesario plegarlo, conocerlo, compartirlo, admirarlo y respetarlo.

Sugerencias para enseñar origami.

Plantearemos algunas sugerencias muy importantes para la enseñanza del Origami, aspectos que son tomados en cuenta de acuerdo a nuestra experiencia, tampoco quiere decir que es la fórmula perfecta.

1.- En primer lugar se debe considerar la siguiente pregunta: ¿A quiénes se va a enseñar?, es decir, el público, la audiencia, el espectador, su estrato social, su edad, etc.

2.- Considerar los materiales a utilizar, de preferencia fotocopias, que por lo general son de papel bond

3.- Las dimensiones del cuadrado a utilizar. Si es para enseñanza lúdica (niños, jóvenes adultos, etc.) se sugiere cuadrados de 21cm. x 21 cm. (el cuadrado debe ser lo más perfecto posible)

4.-Establecer los horarios de enseñanza, que por lo general es de acuerdo mutuo.

5.- El tiempo mínimo para enseñar dependerá del nivel del aprendiz,es decir: Básico(los que no saben de Origami) Intermedio (personas que poseen algún conocimiento de Origami), Avanzado (las personas que conocen todo sobre el arte-técnica del Origami).

6.- En la primera clase, establecer las reglas de juego:
- Ser respetuoso con los compañeros y quien está al frente.
- Ser puntual (estudiante, profesor).
- Ingresar con las manos limpias.
- El Origami es un ejercicio visual y táctil.
- Nadie debe adelantarse o tratar de adivinar el siguiente paso.
- Antes de indicar la figura que se va enseñar se debe explicar la forma exacta de doblado, es decir: marcar bien las líneas, no generar doble línea o llamadas líneas falsas, si un paso no se entiende volver a repetir hasta tres veces.

7.-Repartir el papel a los estudiantes mientras se va explicando un poco sobre Origami,esto suele aplicarse en la primera clase.

9.- Percatarse que todos posean el cuadrado.

10.-Nombrar la figura a enseñar y su nivel de complejidad.

11.- Durante el ejercicio de doblado, existen capacidades que necesitan reforzamiento, entre las más comunes:

- Motricidad Fina.
- Espacialidad Mental.
- Memoria.
- Concentración.

12.- Al llevar a cabo el ejercicio el tono de voz debe ser claro y preciso. Si los estudiantes son personas que no saben sobre la terminología de Origami, tratar de evitar su uso en la primera clase, se les puede explicar en el transcurso del curso.

13.-Al terminar el ejercicio de la primera figura,se les menciona que en el Origami se repite la figura individualmente y que beneficios conlleva realizar dicho ejercicio.

14. Dentro de un grupo (de edades similares) que está en el proceso de aprender Origami, siempre existirán personas con más habilidades motrices y espaciales, quienes deben ser aprovechados como un apoyo metodológico.

Puede que existan más recomendaciones o sugerencias para enseñar Origami, en esta ocasión sólo les presentamos algunas sugerencias que les serán de ayuda para enseñar Origami, pero es de vital importancia ser muy paciente con quién se le brinda la enseñanza.

Simbología.

Líneas

— — — — — — — — Doblez de Montaña

· Doblez de Valle

— — — — — — — — — — — — — — Líneas de rayos X.

Flechas

Doblar

Doblar por detrás

Doblar y desdoblar

Tomar un punto del papel
y llevarlo a cierta posición

Doblar hacia un respectivo
punto.

Hundir o
empujar el papel (sink)

Dar la vuelta

Girar 90^0 - 180^0

Otra simbología.

Repetir una vez,
dos veces, tres veces, etc.

Pliegue zig-zag

Considerar distancias

Vista interna

Pliegues Principales.

Pliegue Valle

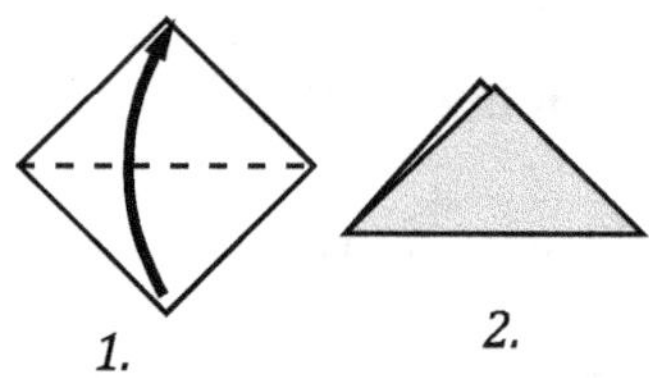

1.   2.

Pliegue Montaña

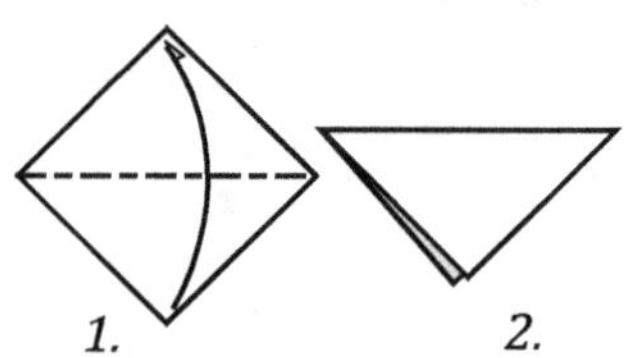

1.   2.

Pliegue Inverso

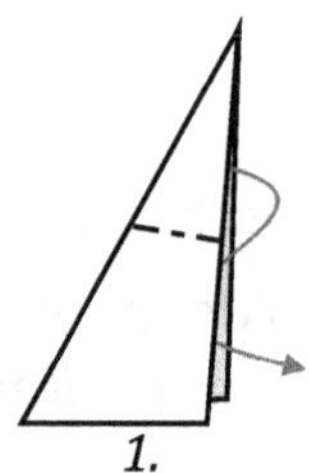

1.

2.

1.

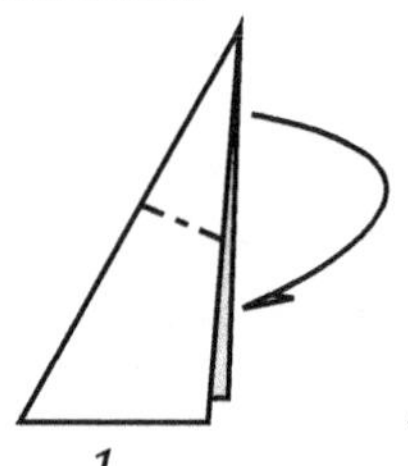

2.

Pliegue Acordeón

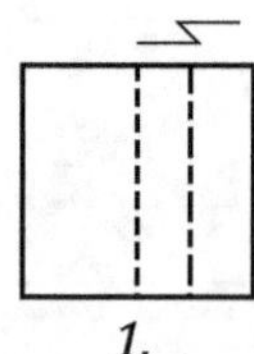

1.

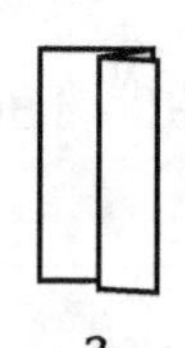

2.

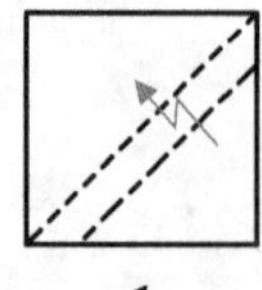

1.

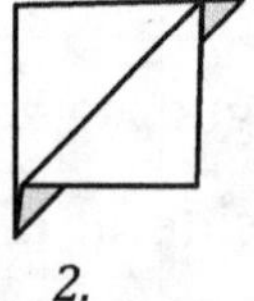

2.

Pliegue de Caperuza

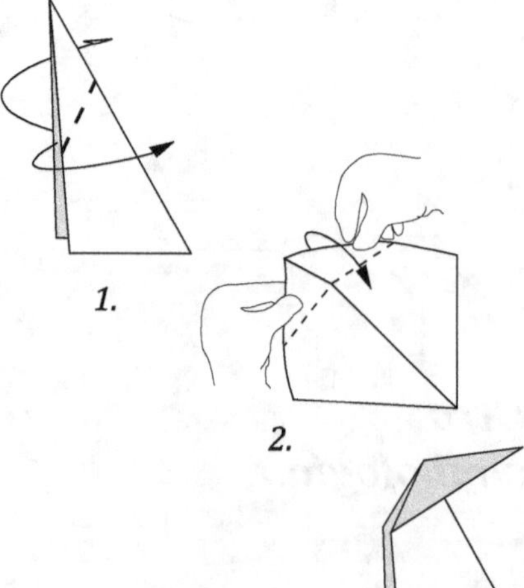

1.

2.

3.

Bases principales del Origami.

Preliminar

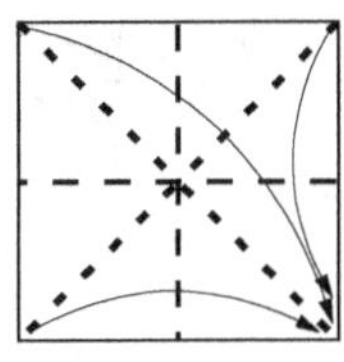

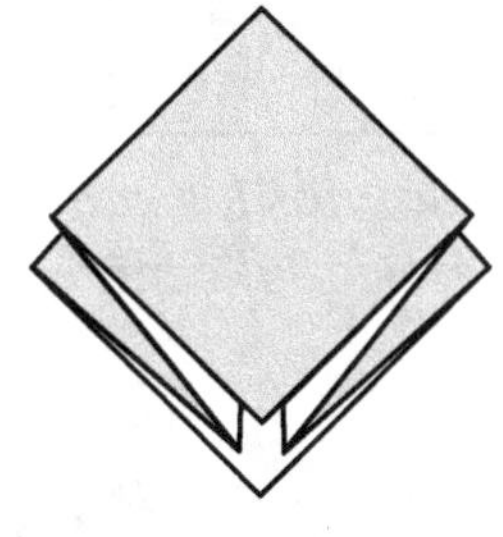

1. Unir los 4 vértices del cuadrado

2.

Base de Pájaro.

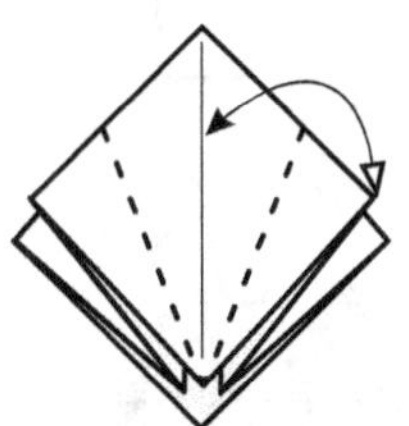

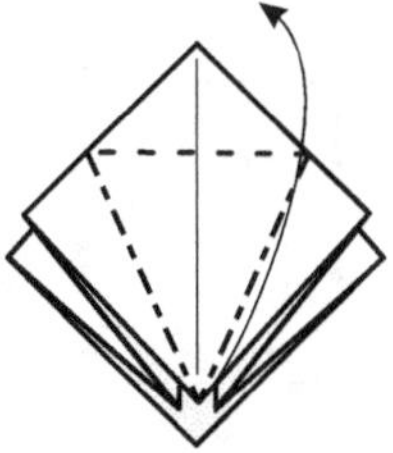

1. (iniciar con base preliminar)

2. Doblez de Pétalo

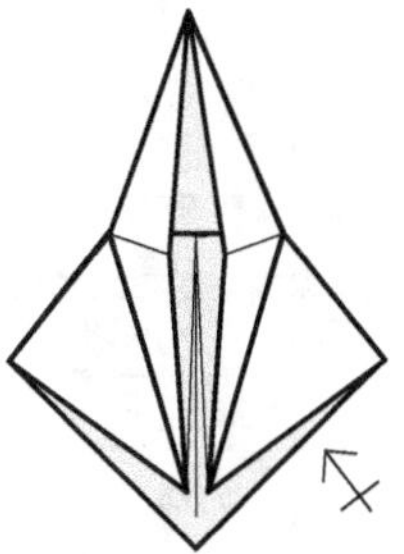

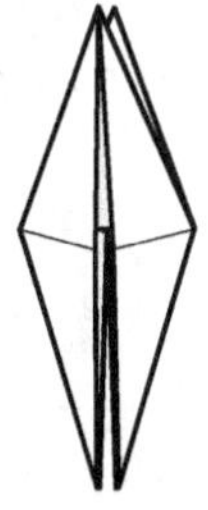

3. repetimos en el otro lado

4.

<u>*Base Blintz*</u>

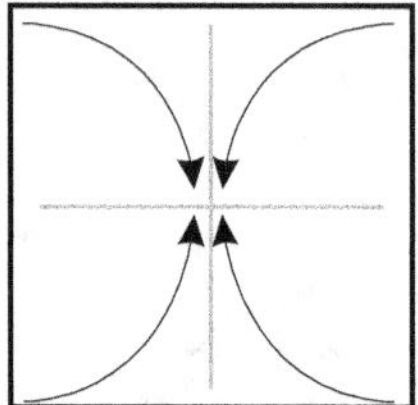

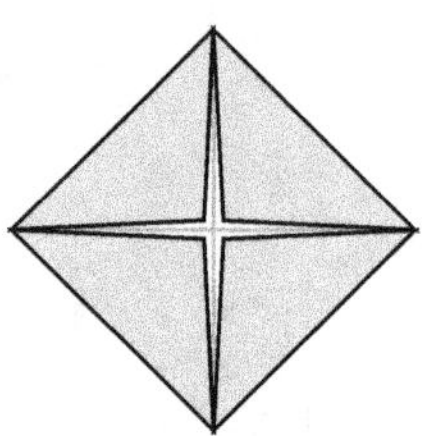

1.unimos los cuatro vértices al centro

2.

<u>*Base de cerdo.*</u>

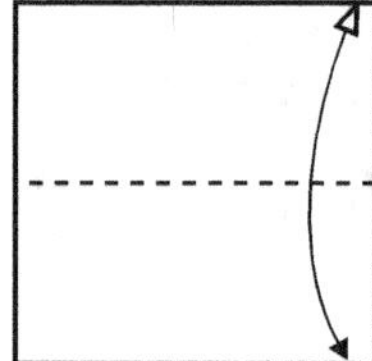

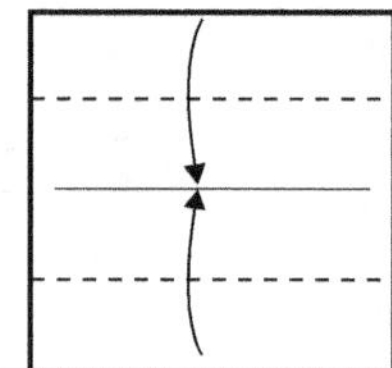

1.

2.

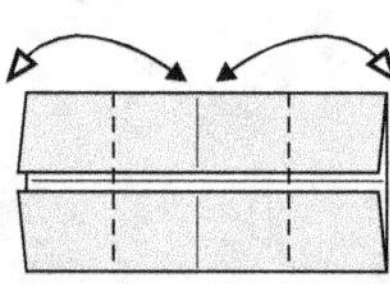

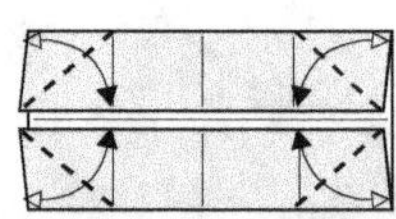

3. Marcamos las mitades y desdoblamos

4. Marcamos las líneas diagonales

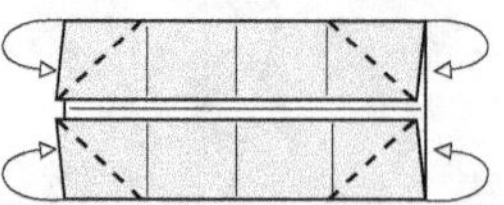

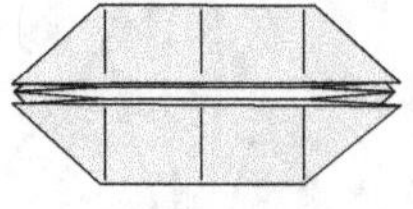

5. realizar Pliegue hueco en cada una de las esquinas

6.

Base Bomba.

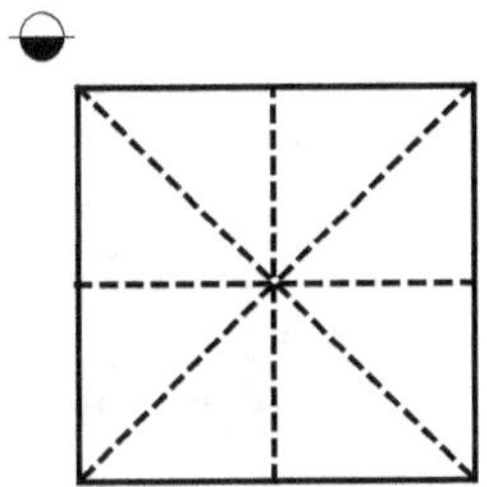

1.

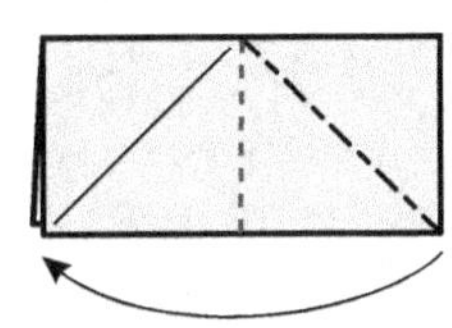

2.

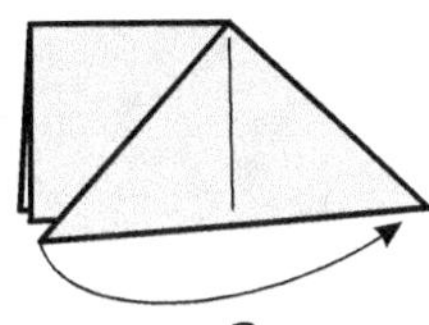

3.

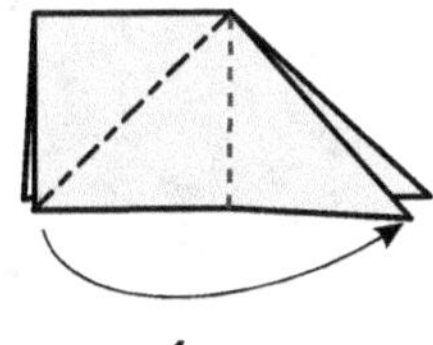

4.

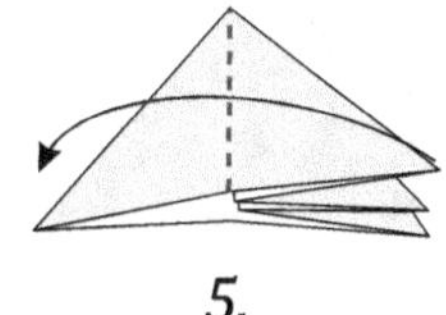

5.

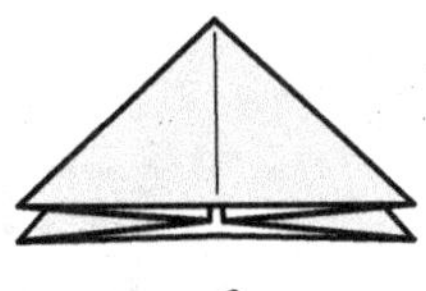

6.

Base de Pescado

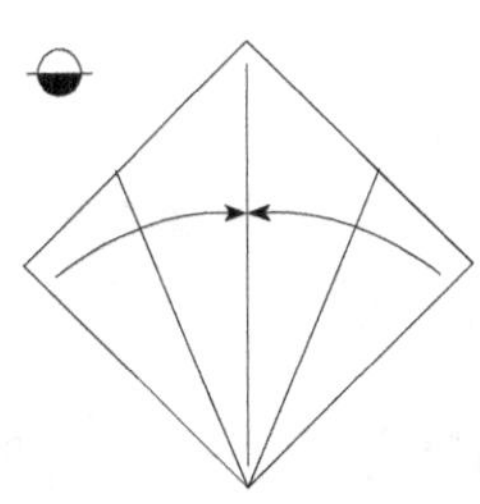

1.

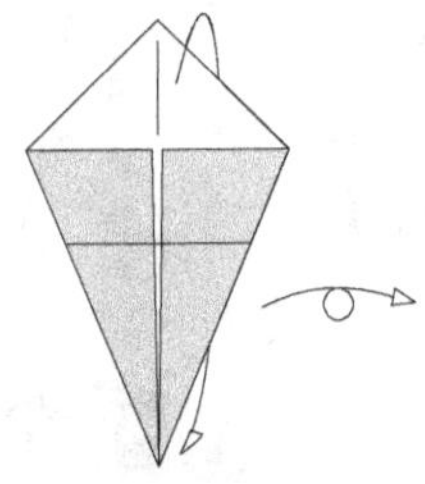

2.

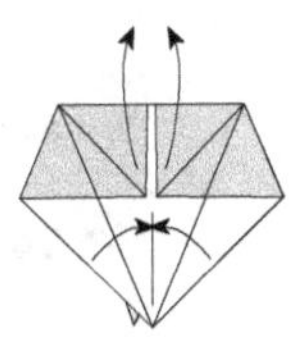

3.

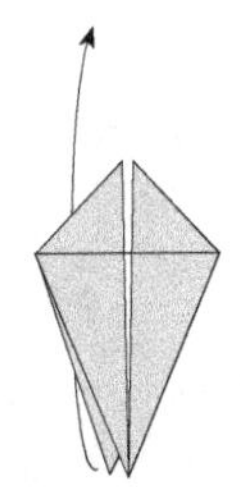

4.

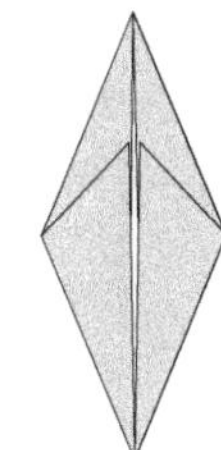

5.

ESTO ES...
ORIGAMIII!!!

Papagayo

El papagayo, concebido como un diseño básico-intermedio con formas minimalistas a partir de la base de pájaro, el modelo queda mejor plegado con la técnica de papel húmedo, también se puede utilizar papel sanduche

Tamaño del cuadrado: 21 x 21 cm.
Técnica de Plegado: Papel húmedo.
Papel recomendado: Iris, Kimberly y papel sanduche

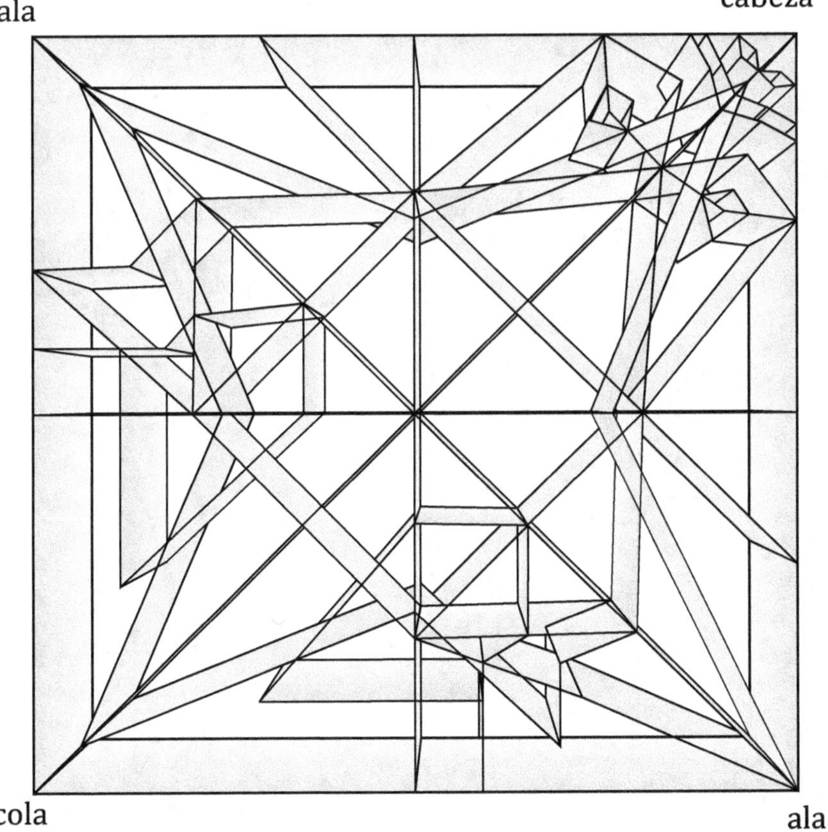

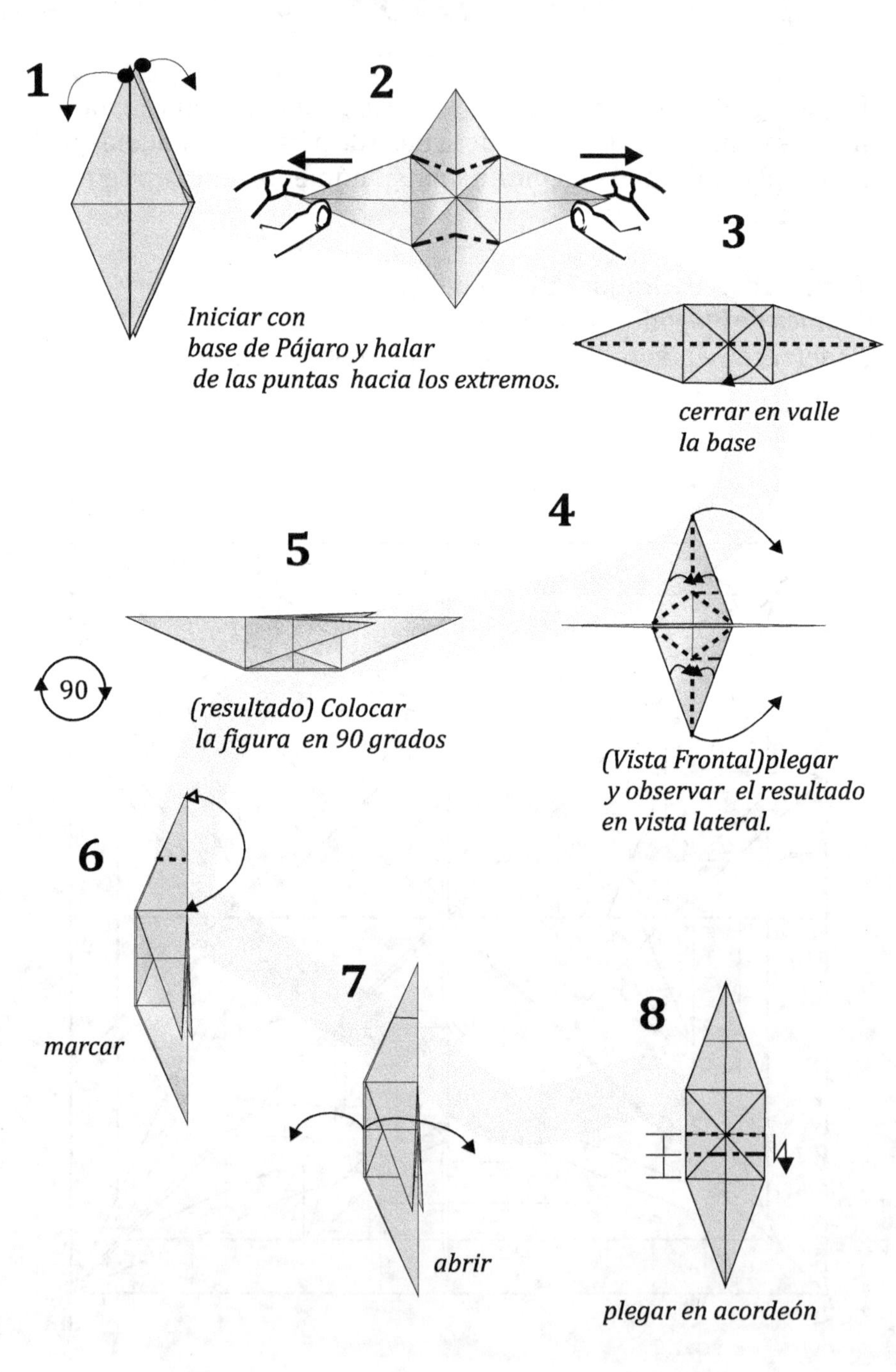

1
2
Iniciar con
base de Pájaro y halar
de las puntas hacia los extremos.
3
cerrar en valle
la base
5
90
(resultado) Colocar
la figura en 90 grados
4
(Vista Frontal)plegar
y observar el resultado
en vista lateral.
6
marcar
7
abrir
8
plegar en acordeón

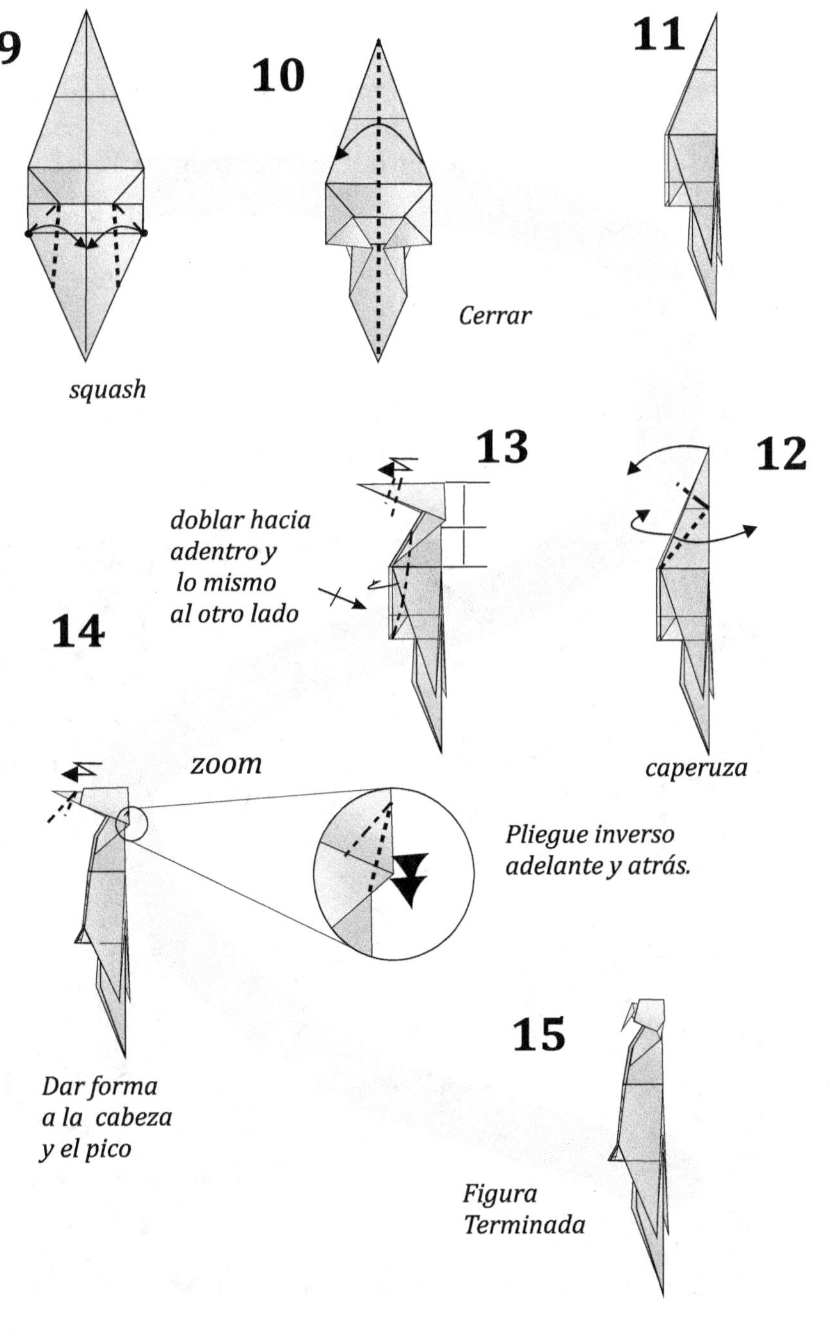

9
squash
10
Cerrar
11
doblar hacia
adentro y
lo mismo
al otro lado
13
14
12
caperuza
zoom
Pliegue inverso
adelante y atrás.
Dar forma
a la cabeza
y el pico
15
Figura
Terminada

Condor Andino

Este diseño es de nivel básico intermedio, posee cambio de color en la cabeza y en la patas. Para plegar el modelo se recomienda realizarlo en papel sanduche con doble color (negro y rojo) o papel de dos colores.

También se puede plegar en papel húmedo y sin necesidad de llevar a cabo los cambio de color.

Tamaño del cuadrado: 20 x 20 cm.
Técnica de Plegado: Papel húmedo, seco.
Papel recomendado: sanduche o dos colores.

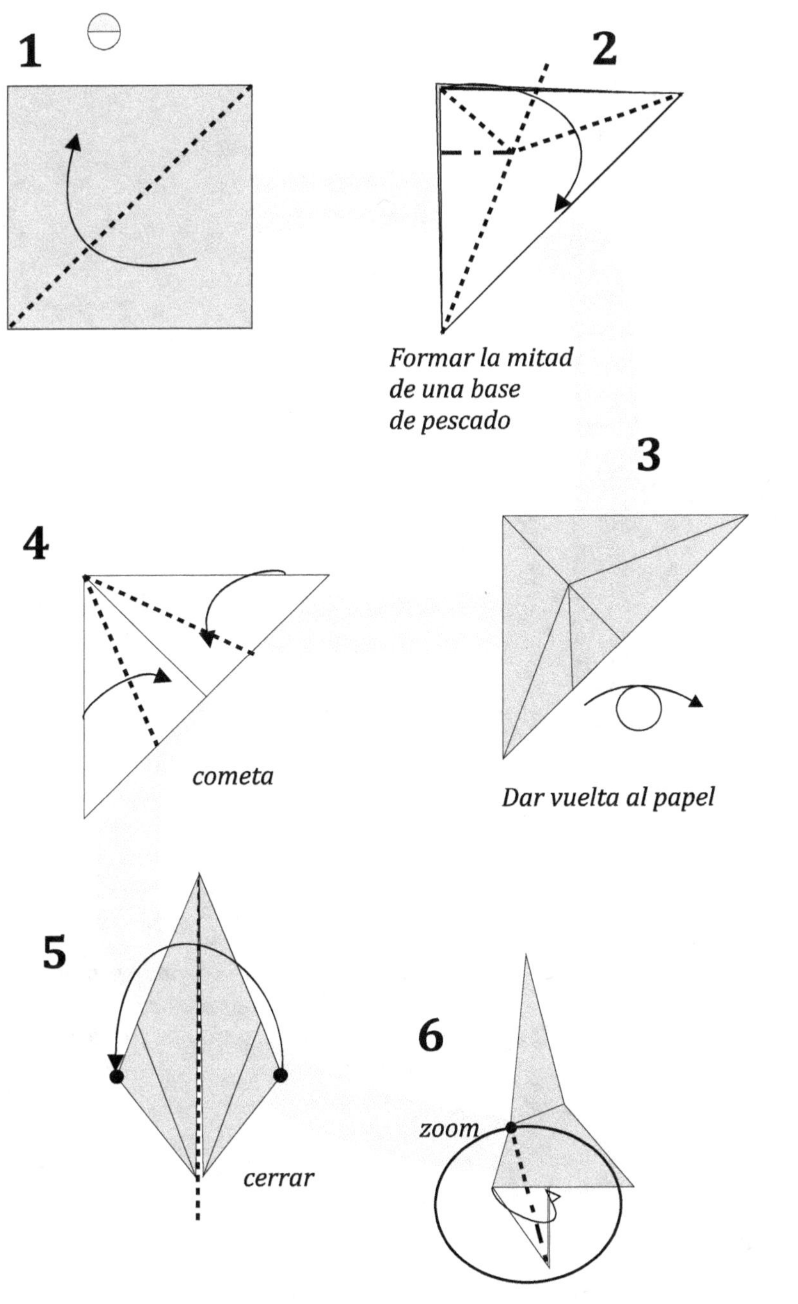

1
2
Formar la mitad
de una base
de pescado
3
4
cometa
Dar vuelta al papel
5
cerrar
6
zoom

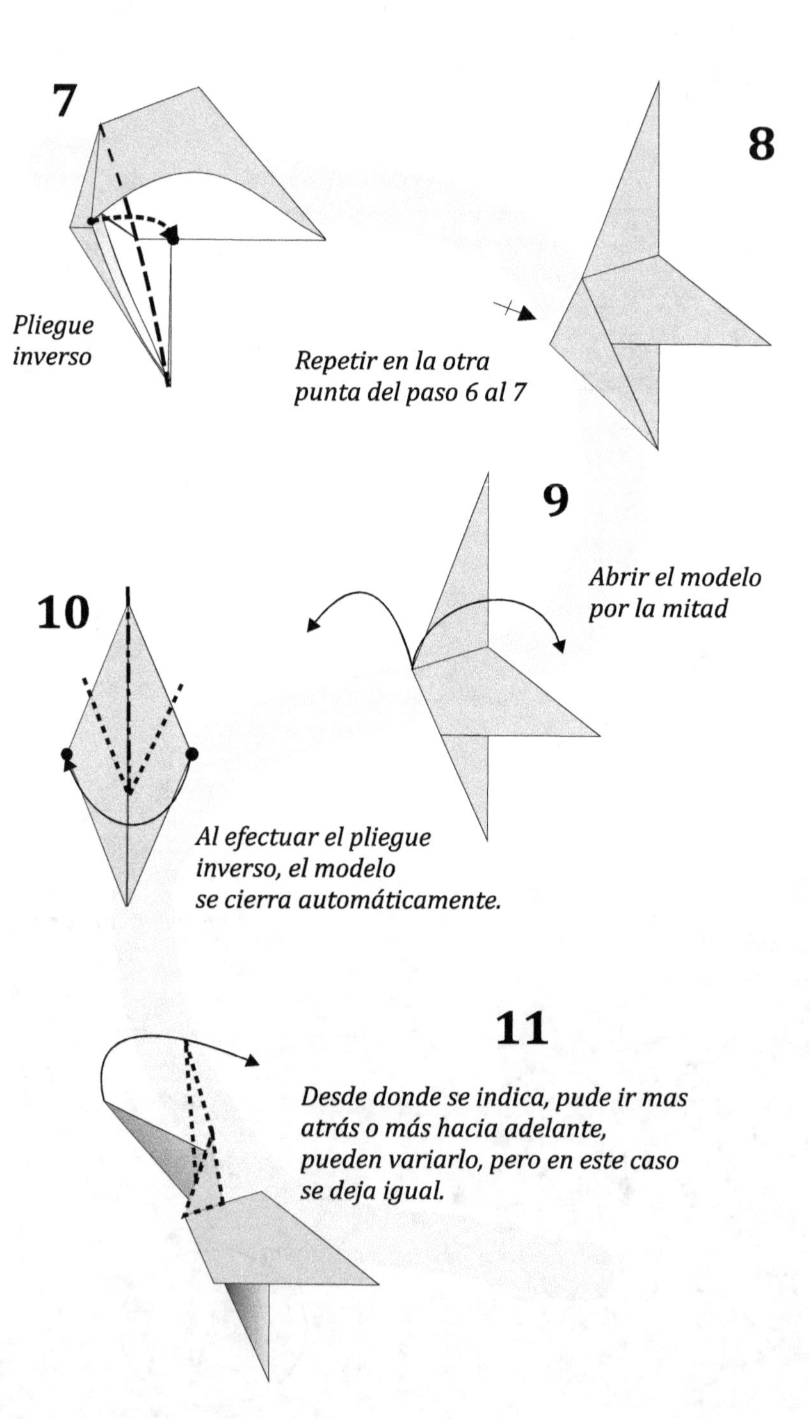

7
Pliegue
inverso
8
Repetir en la otra
punta del paso 6 al 7
9
Abrir el modelo
por la mitad
10
Al efectuar el pliegue
inverso, el modelo
se cierra automáticamente.
11
Desde donde se indica, pude ir mas
atrás o más hacia adelante,
pueden variarlo, pero en este caso
se deja igual.

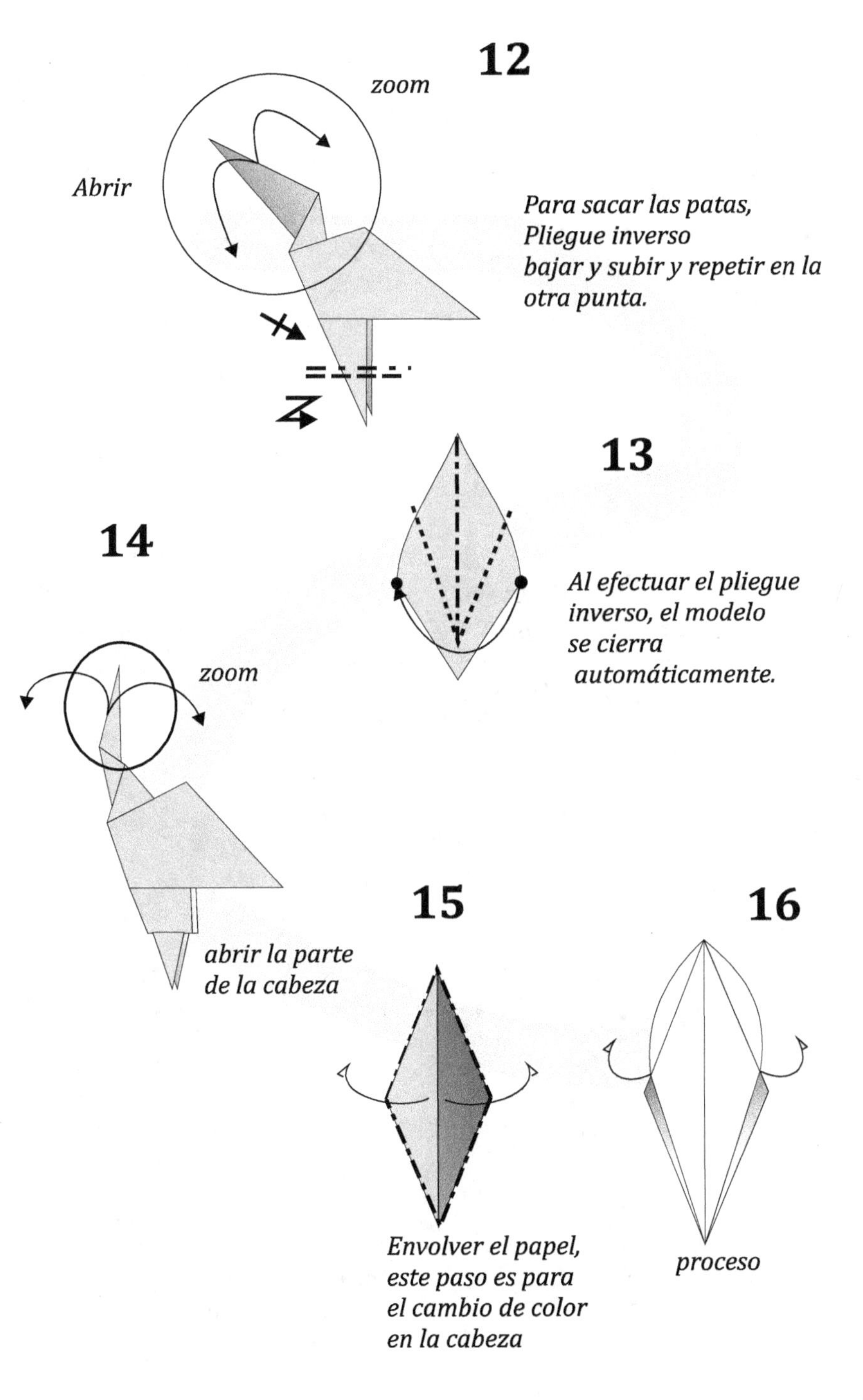

12

*Para sacar las patas,
Pliegue inverso
bajar y subir y repetir en la
otra punta.*

13

*Al efectuar el pliegue
inverso, el modelo
se cierra
automáticamente.*

14

*abrir la parte
de la cabeza*

15

*Envolver el papel,
este paso es para
el cambio de color
en la cabeza*

16

proceso

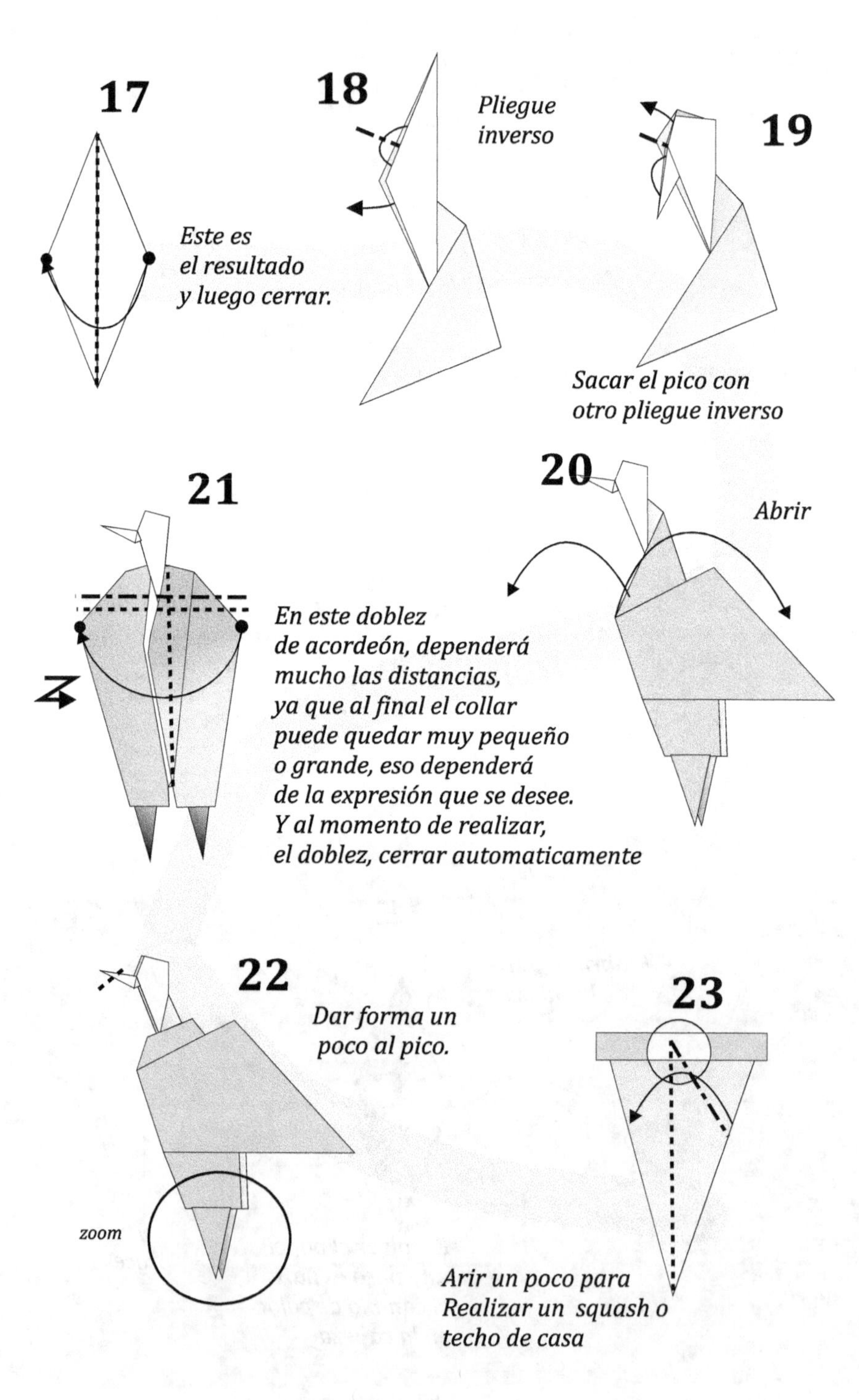

17
18
Pliegue
inverso
Este es
el resultado
y luego cerrar.
19
Sacar el pico con
otro pliegue inverso
21
20
Abrir
En este doblez
de acordeón, dependerá
mucho las distancias,
ya que al final el collar
puede quedar muy pequeño
o grande, eso dependerá
de la expresión que se desee.
Y al momento de realizar,
el doblez, cerrar automaticamente
22
Dar forma un
poco al pico.
zoom
23
Arir un poco para
Realizar un squash o
techo de casa

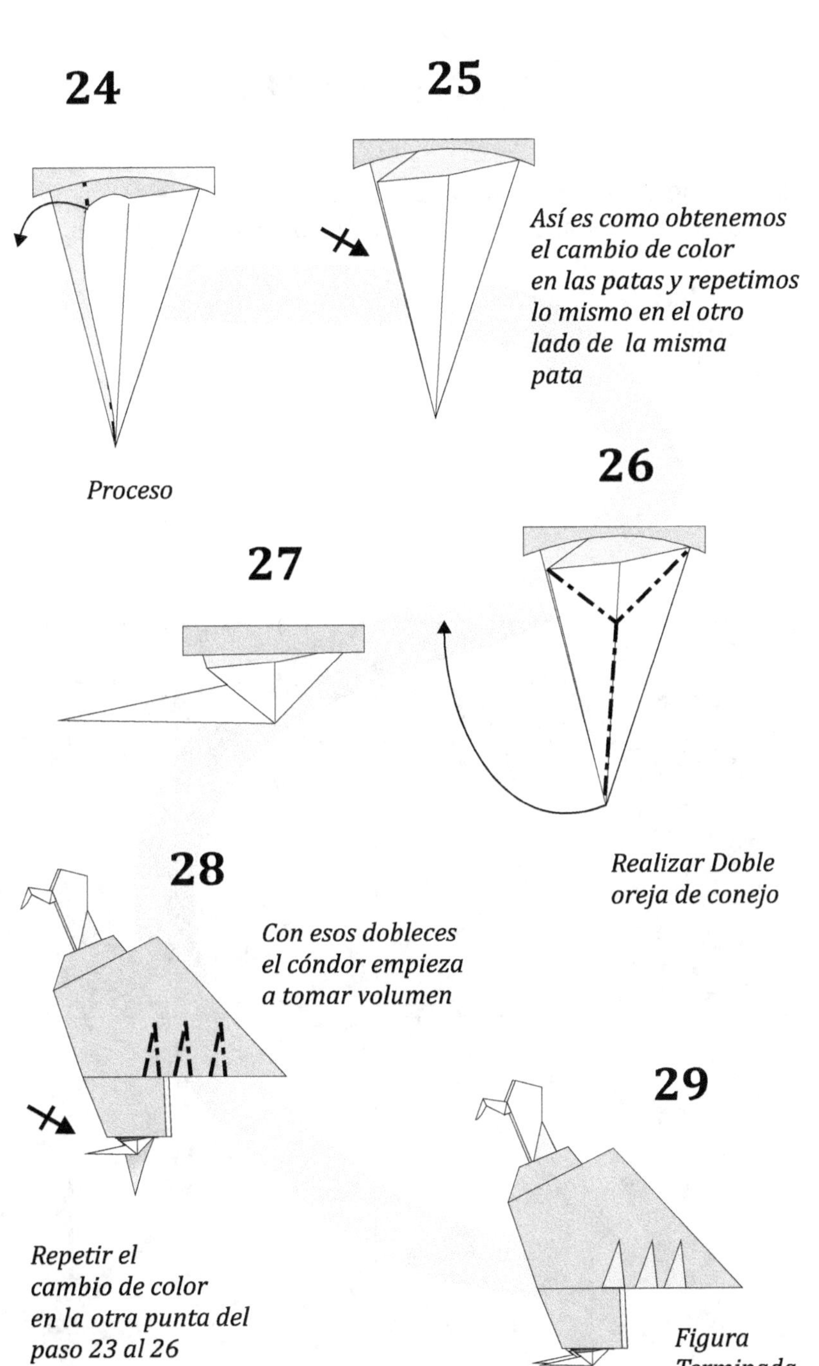

24
25
26
27
28
29
Proceso
Así es como obtenemos el cambio de color en las patas y repetimos lo mismo en el otro lado de la misma pata
Realizar Doble oreja de conejo
Con esos dobleces el cóndor empieza a tomar volumen
Repetir el cambio de color en la otra punta del paso 23 al 26
Figura Terminada

Grulla Heart

Este diseño parte desde una base preliminar, puede ser plegada en cualquier tipo de papel siempre y cuando posea dos colores..

Tamaño del cuadrado: 15 x 15 cm
Tipo de papel: sánduche, papel de dos colores.
Técnica de Plegado: Seco.

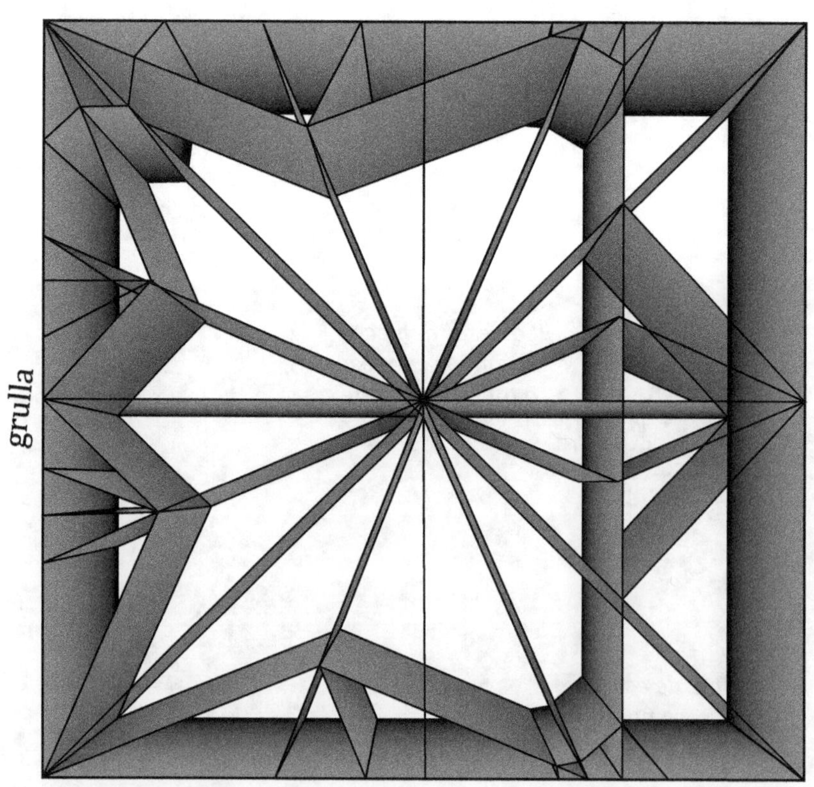

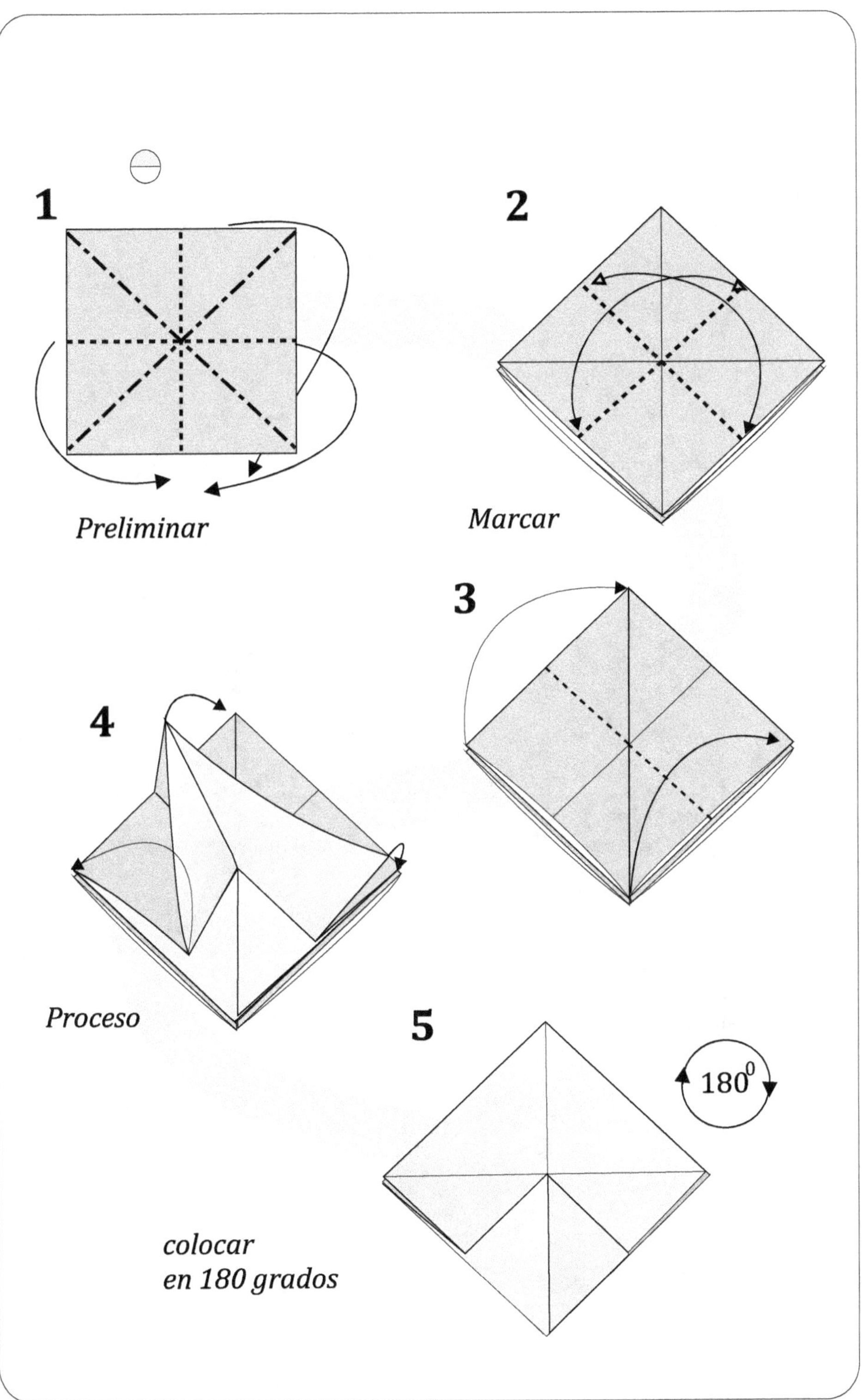

1
Preliminar
2
Marcar
3
4
Proceso
5
colocar
en 180 grados
180°

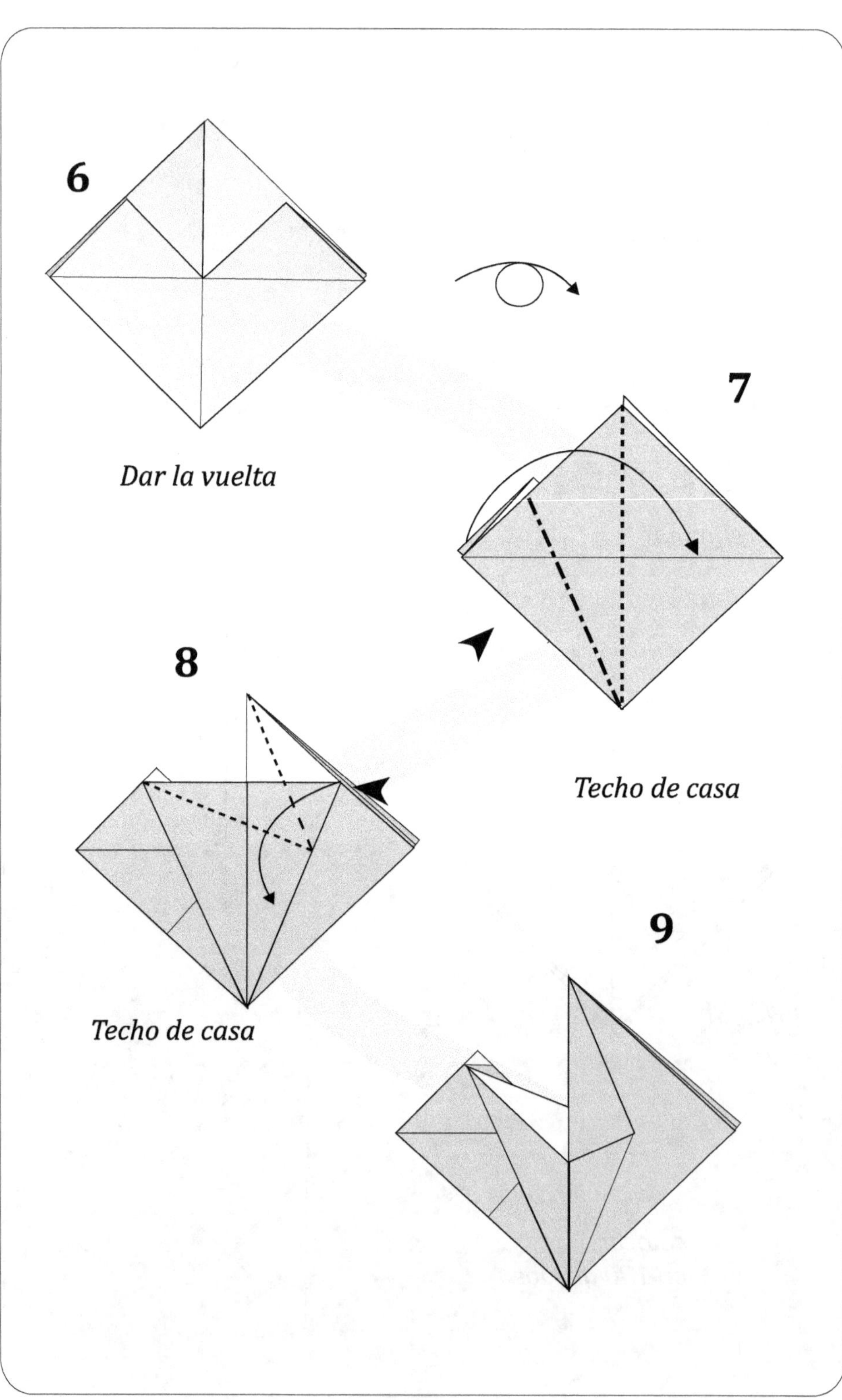

6
Dar la vuelta
7
Techo de casa
8
Techo de casa
9

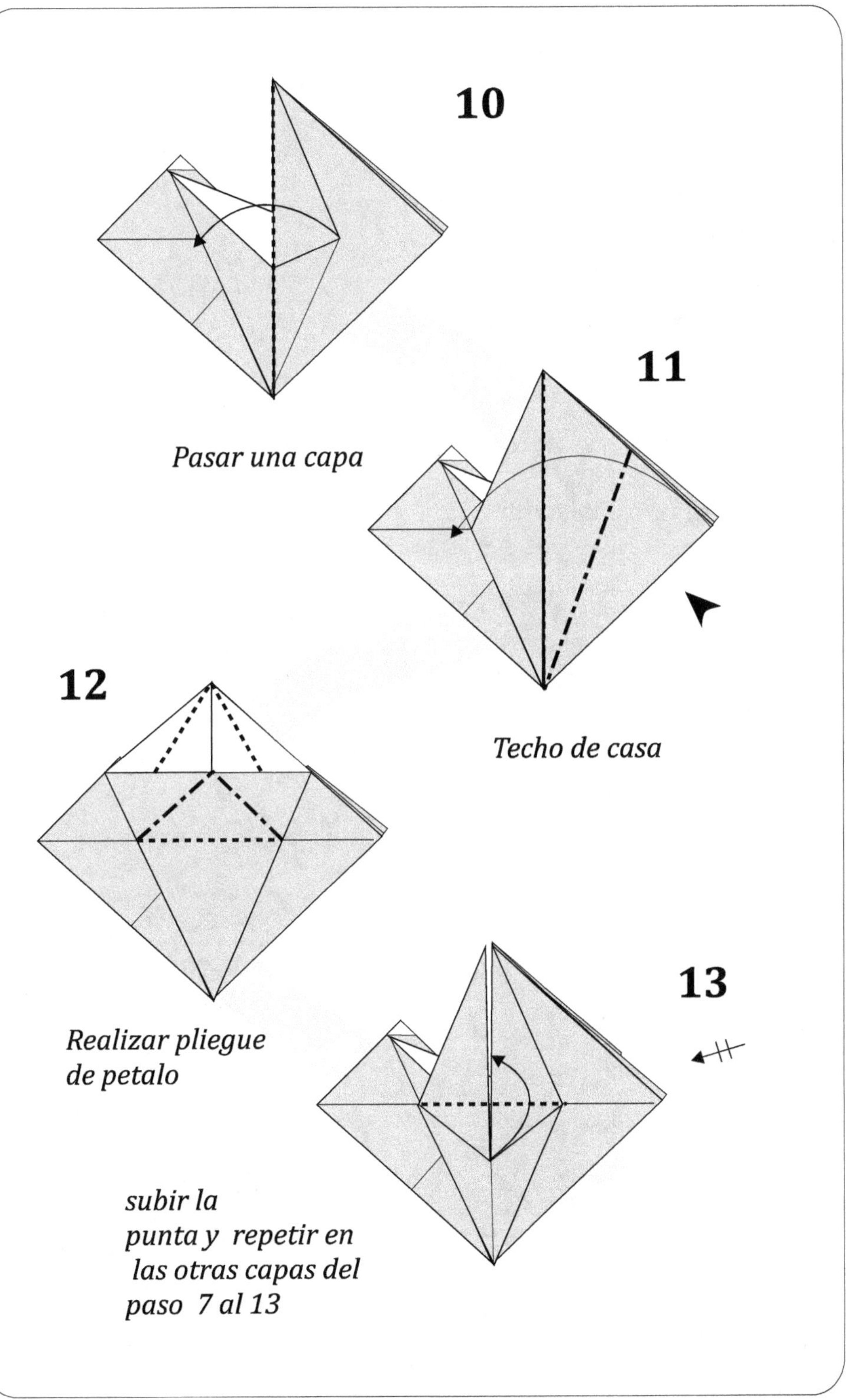

10
Pasar una capa
11
Techo de casa
12
Realizar pliegue
de petalo
13
subir la
punta y repetir en
 las otras capas del
paso 7 al 13

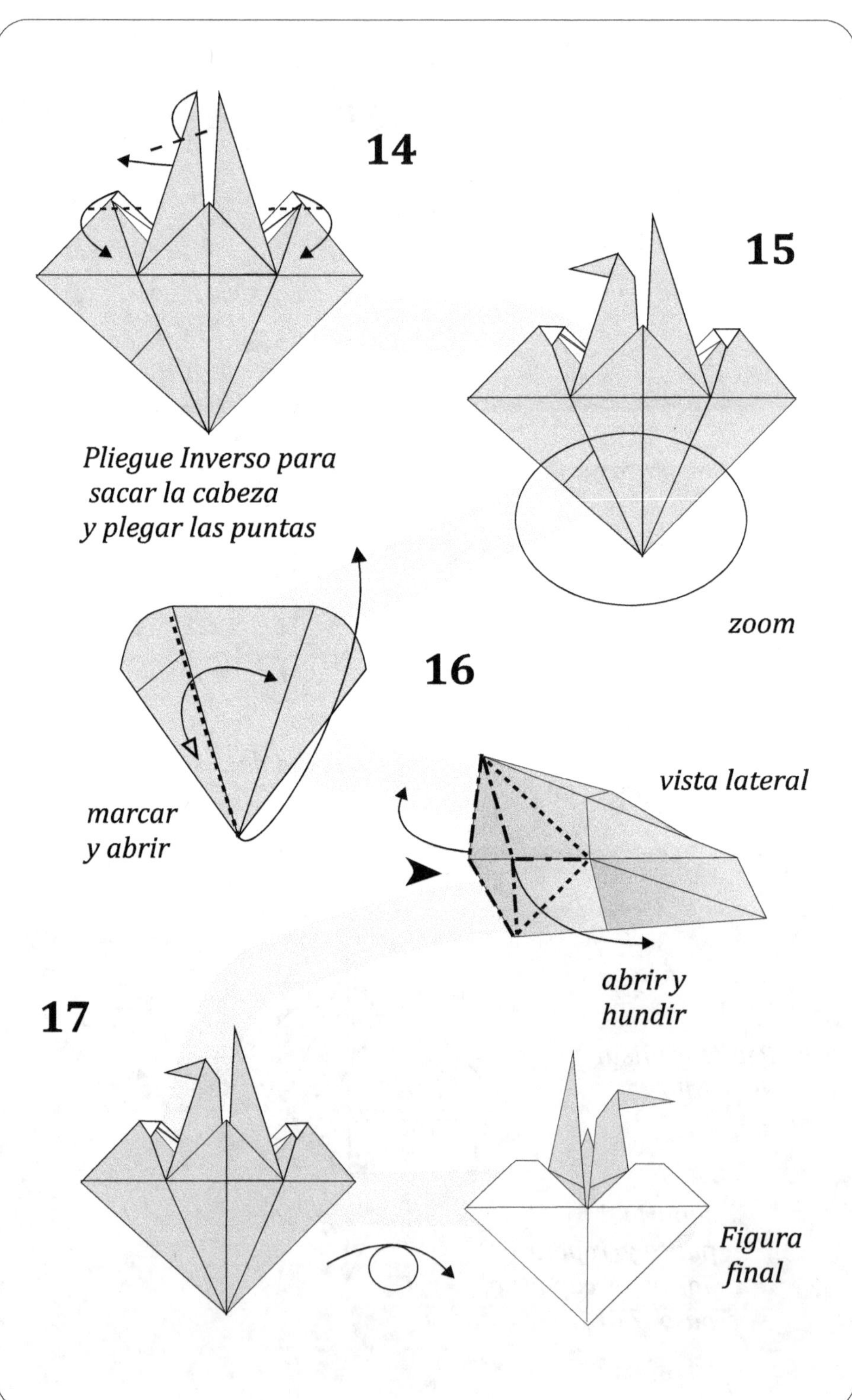
14
15
Pliegue Inverso para
sacar la cabeza
y plegar las puntas
zoom
16
marcar
y abrir
vista lateral
abrir y
hundir
17
Figura
final

Toro

Este diseño parte de una base de cerdo, de carácter minimalista orgánico. Posee cambio de color en los cuernos. Si se utiliza papel sanduche de dos colores y de preferencia plegar en húmedo el papel de dos colores.

Tamaño del cuadrado: 20 x 20 cm.
Tipo de papel: sánduche, iris, kimberly.
Técnica de Plegado: En seco o en húmedo.

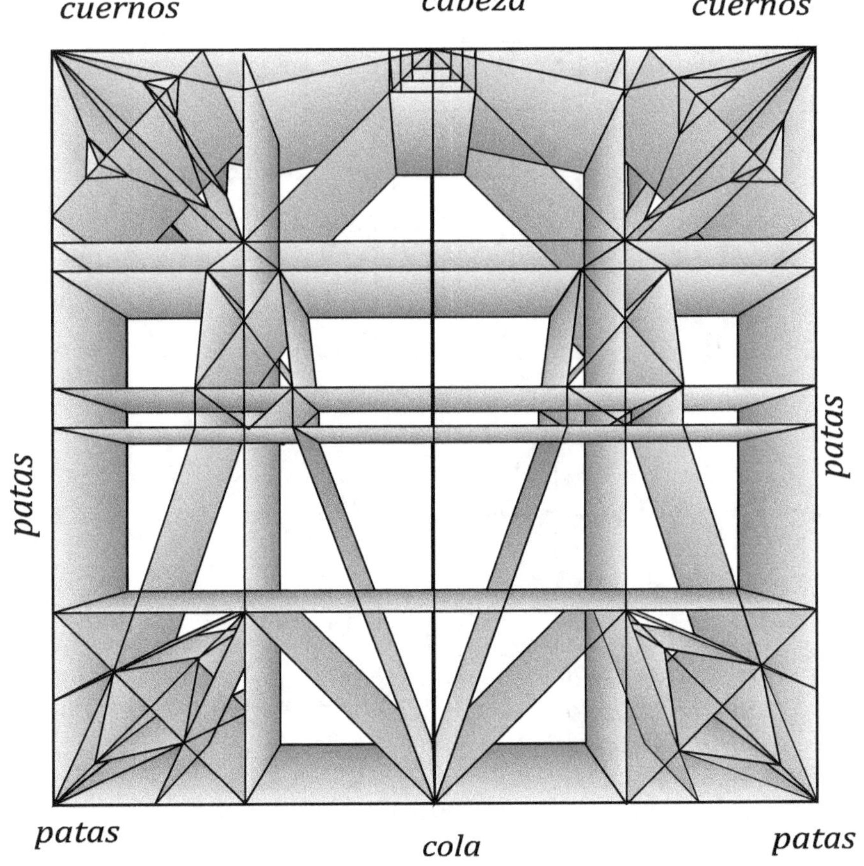

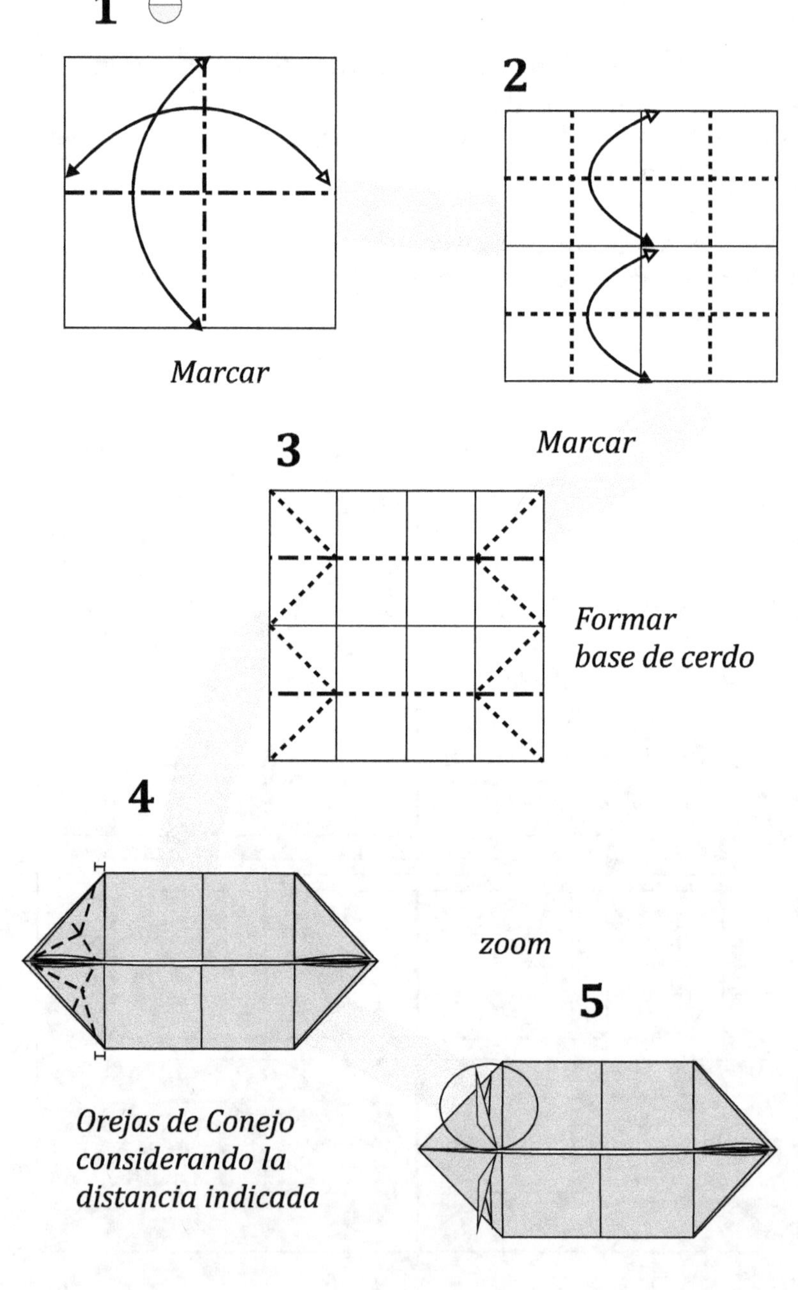

1
Marcar
2
Marcar
3
Formar
base de cerdo
4
Orejas de Conejo
considerando la
distancia indicada
zoom
5

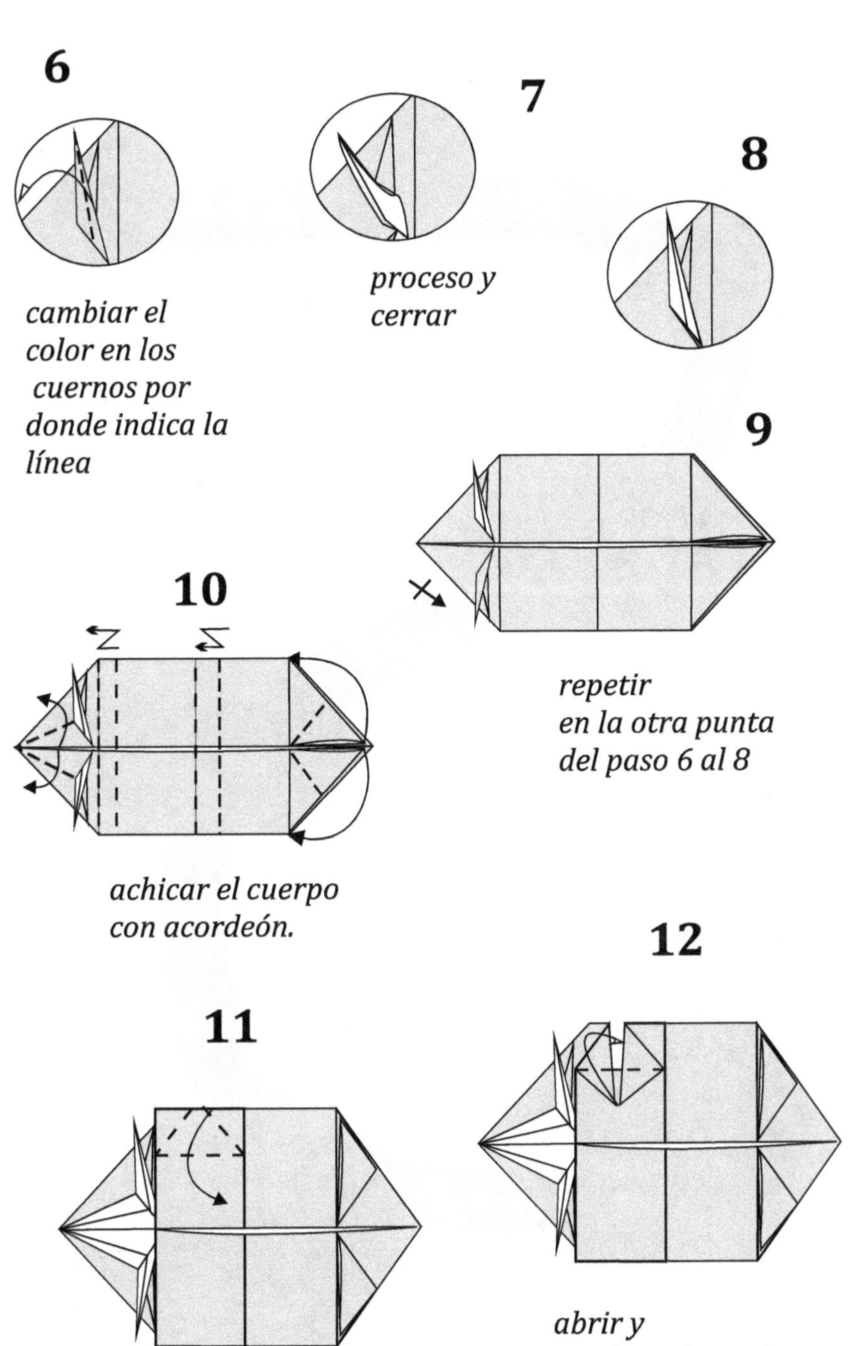

6

cambiar el color en los cuernos por donde indica la línea

7

proceso y cerrar

8

9

repetir en la otra punta del paso 6 al 8

10

achicar el cuerpo con acordeón.

11

Pliegue de pétalo

12

abrir y ocultar el papel

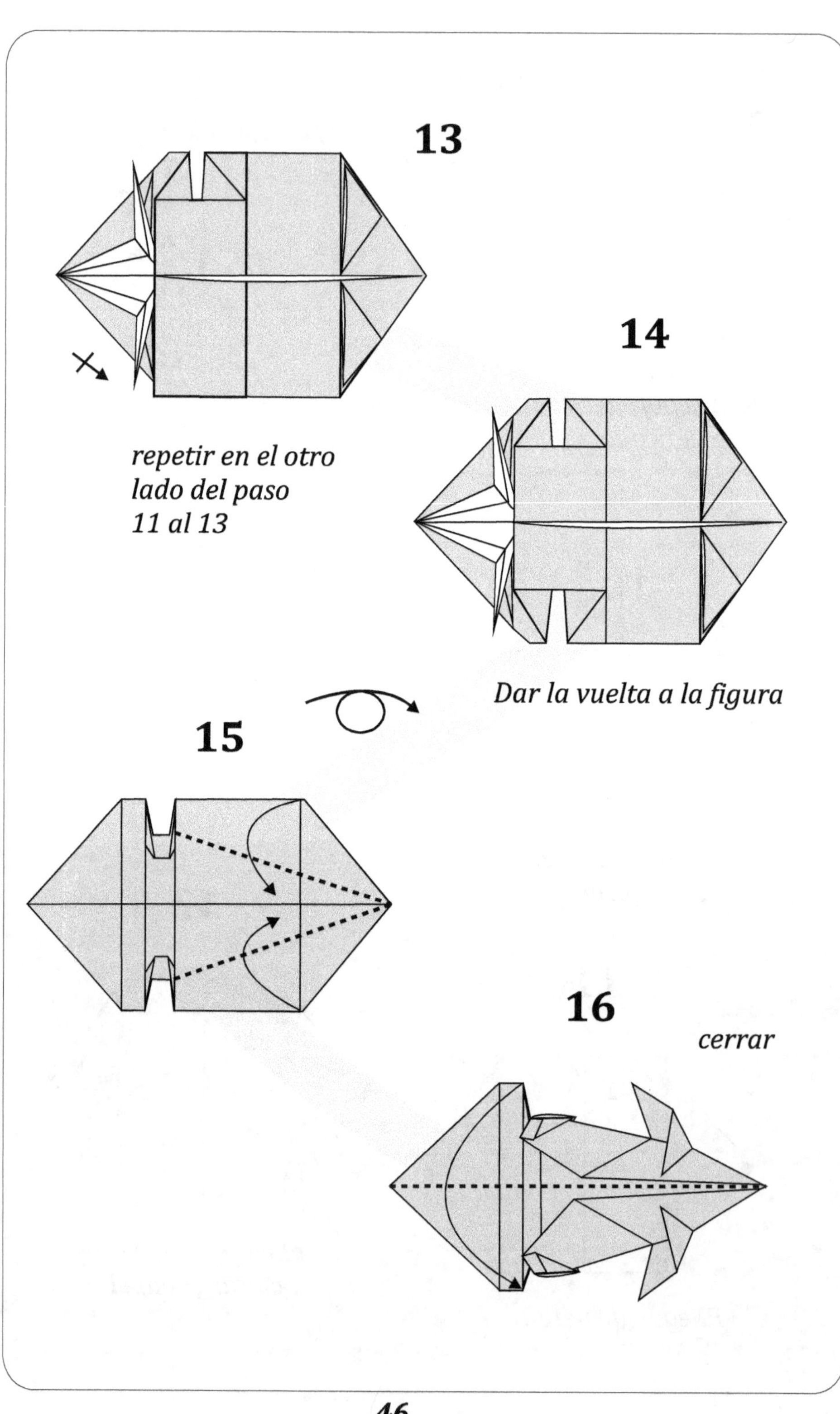

13

repetir en el otro
lado del paso
11 al 13

14

Dar la vuelta a la figura

15

16

cerrar

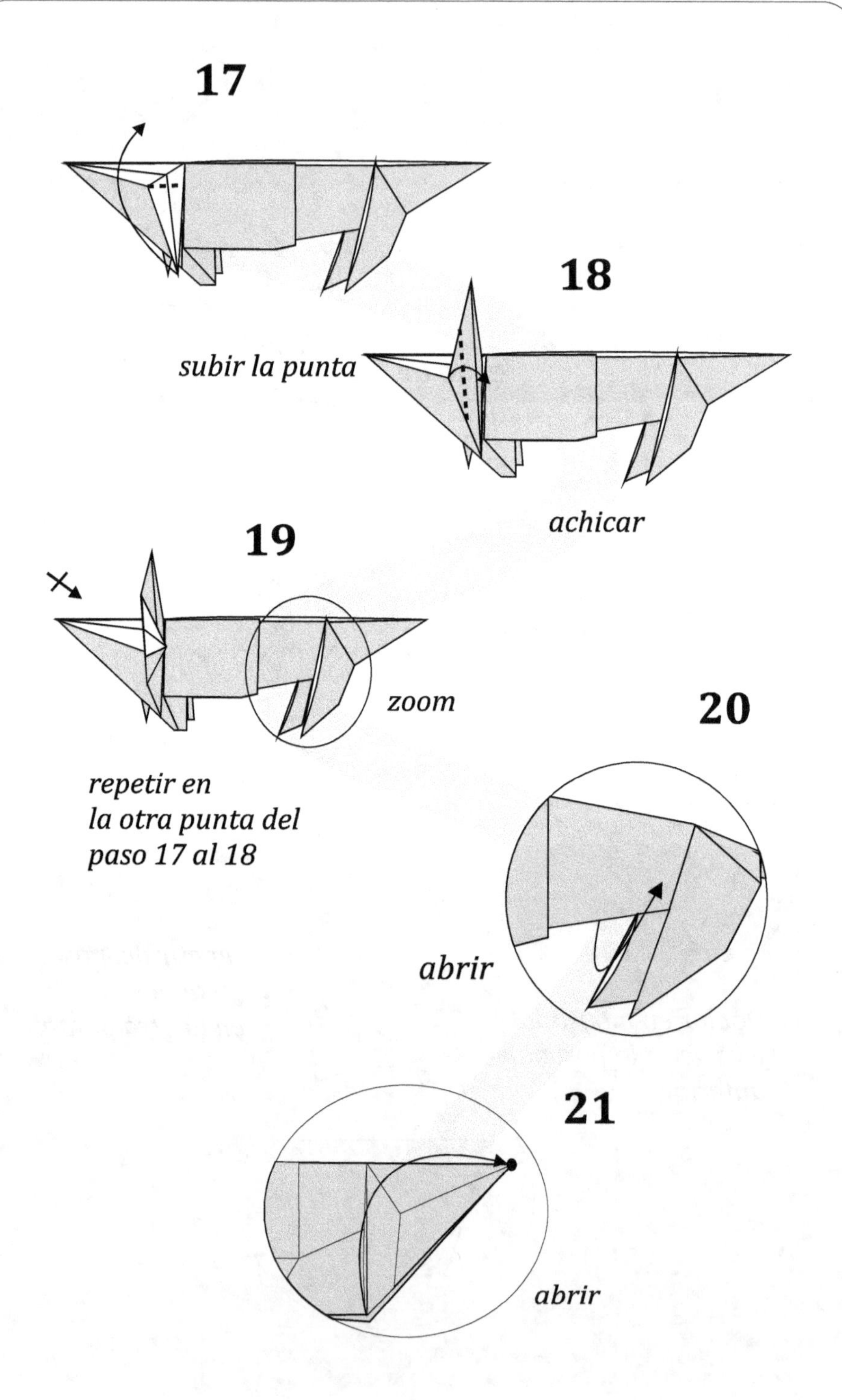

17
18
subir la punta
achicar
19
zoom
repetir en
la otra punta del
paso 17 al 18
20
abrir
21
abrir

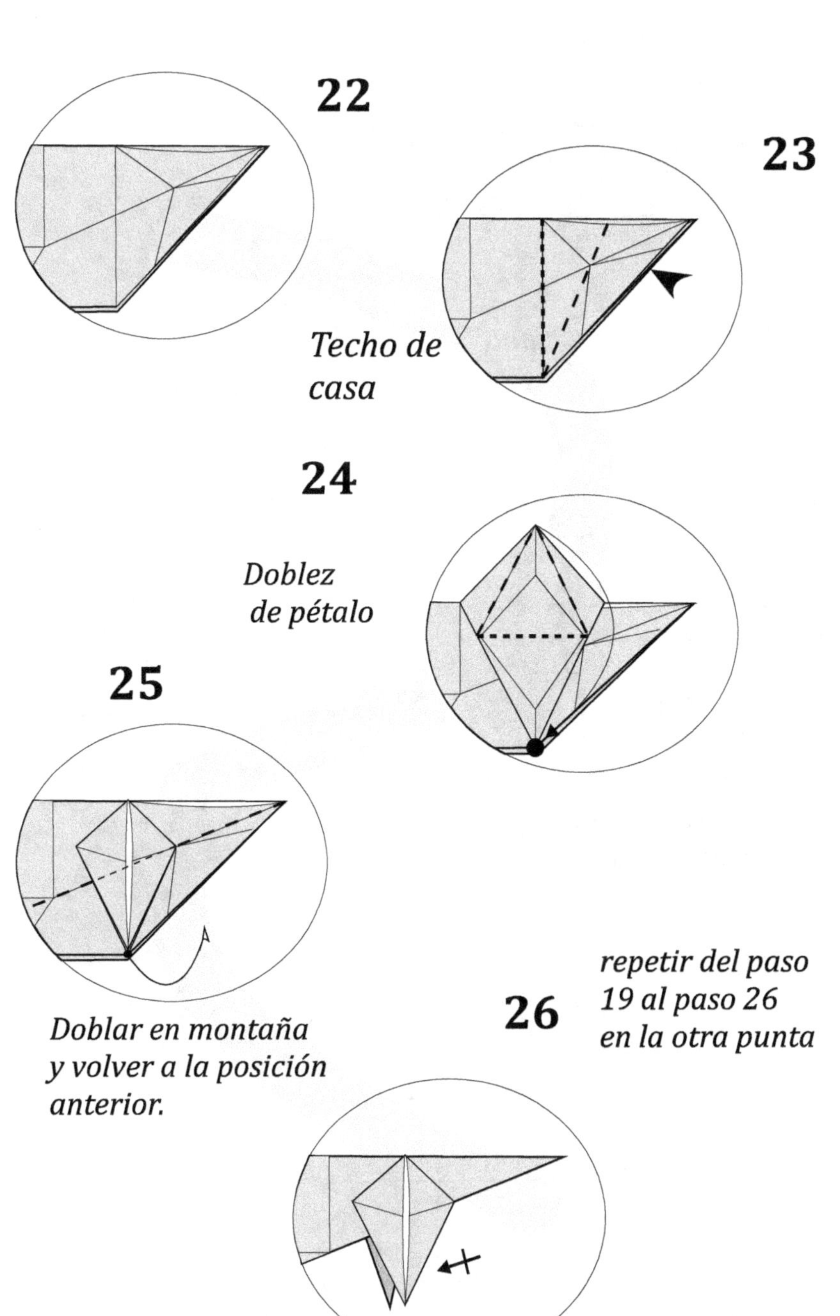

22

23

Techo de casa

24

Doblez de pétalo

25

26

Doblar en montaña y volver a la posición anterior.

repetir del paso 19 al paso 26 en la otra punta

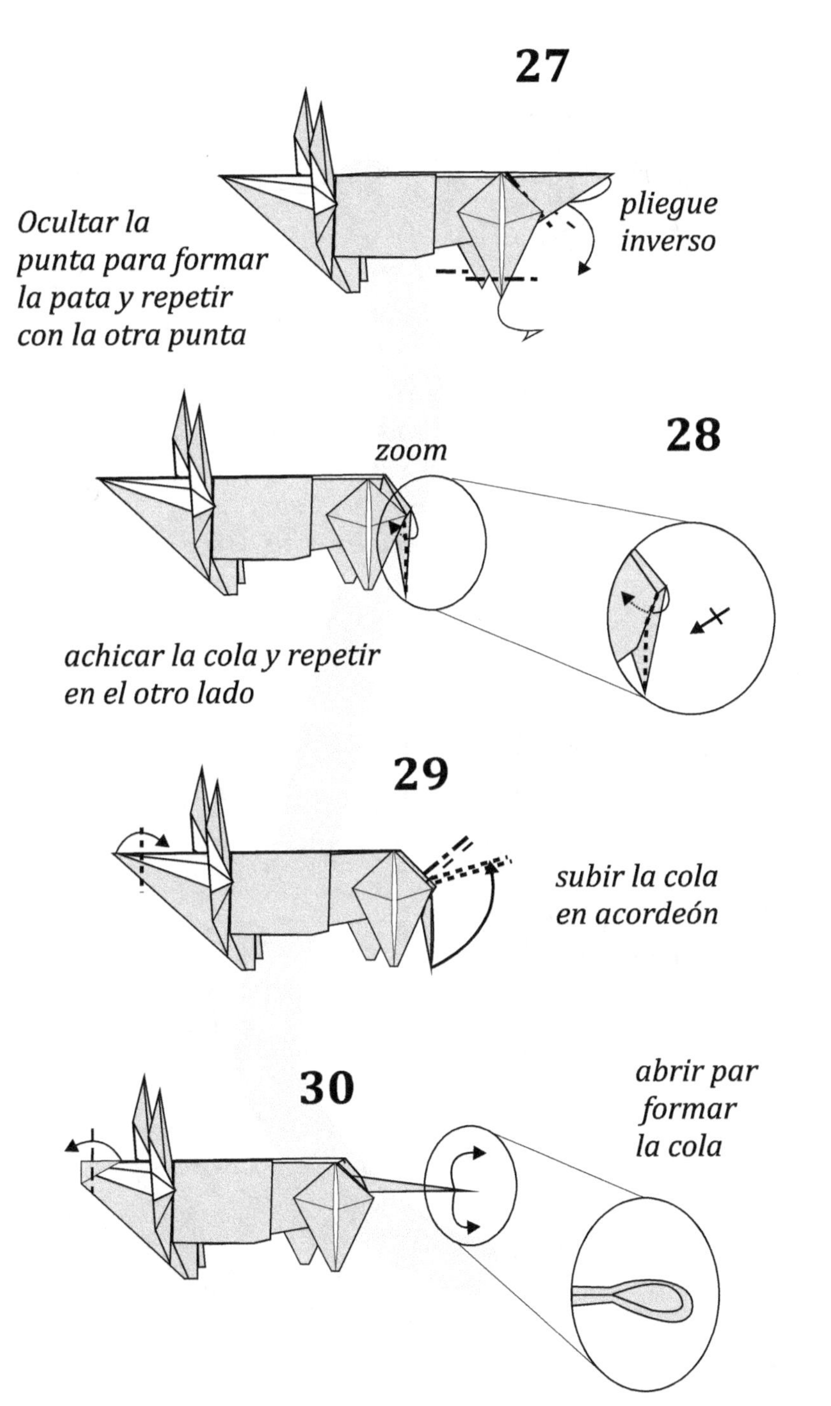

27
Ocultar la
punta para formar
la pata y repetir
con la otra punta
pliegue
inverso
zoom
28
achicar la cola y repetir
en el otro lado
29
subir la cola
en acordeón
30
abrir par
formar
la cola

31

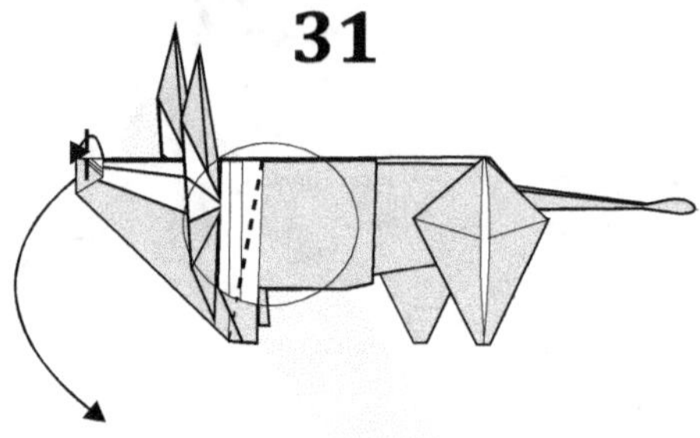

*Inclinar un poco hacia abajo
para formar una joroba en
el toro aquí se realiza un
desplazamiento leve y se
genera otra linea interna*

32

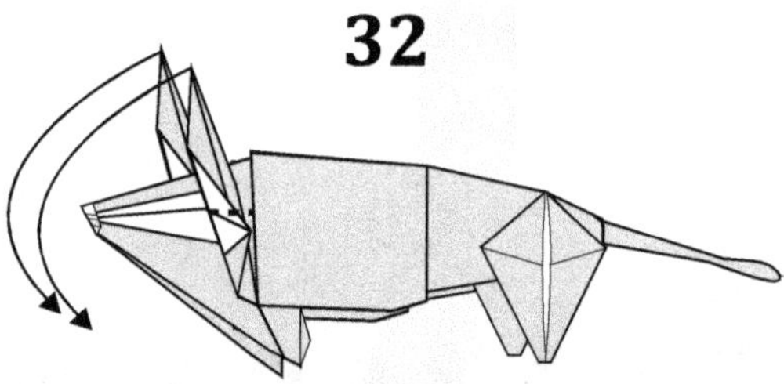

*bajar los cuernos
y moldear al toro.*

34

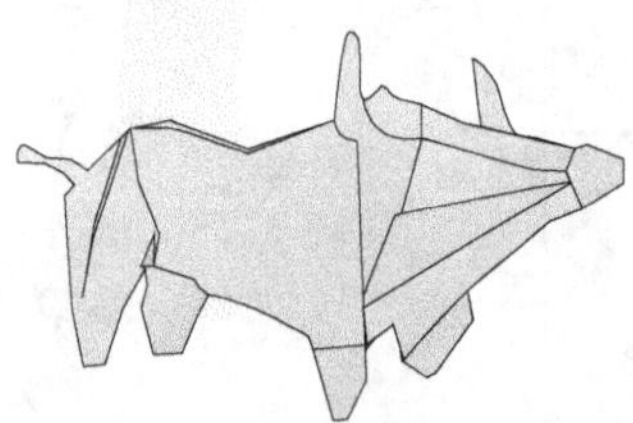

Elefante

El siguiente modelo   debe ser plegado en un rectángulo de 2 x 1. Su nivel de plegado es intermedio-básico visualmente es orgánico minimal.

Lo interesante de este modelo es el cambio de color en los colmillos.

Tipo de Papel: Sanduche, iris, kimberly.
Técnica de Plegado: Seco o en húmedo.
Tamaño del rectángulo: 2 x 1.

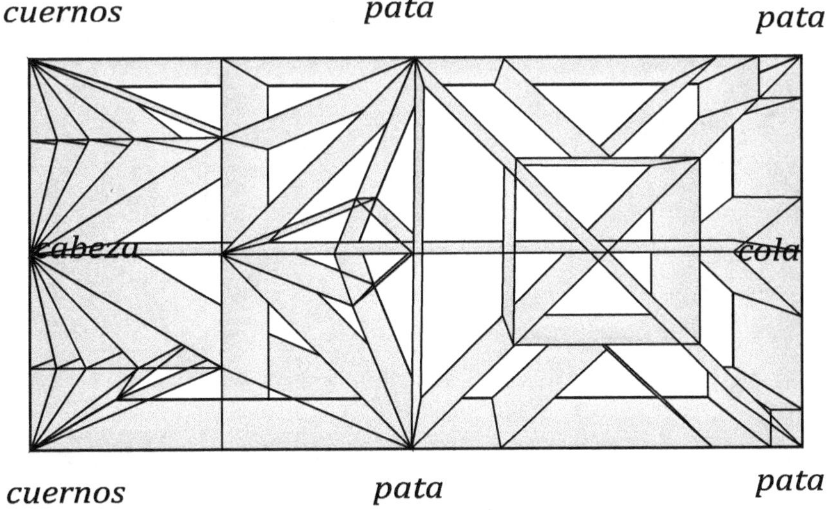

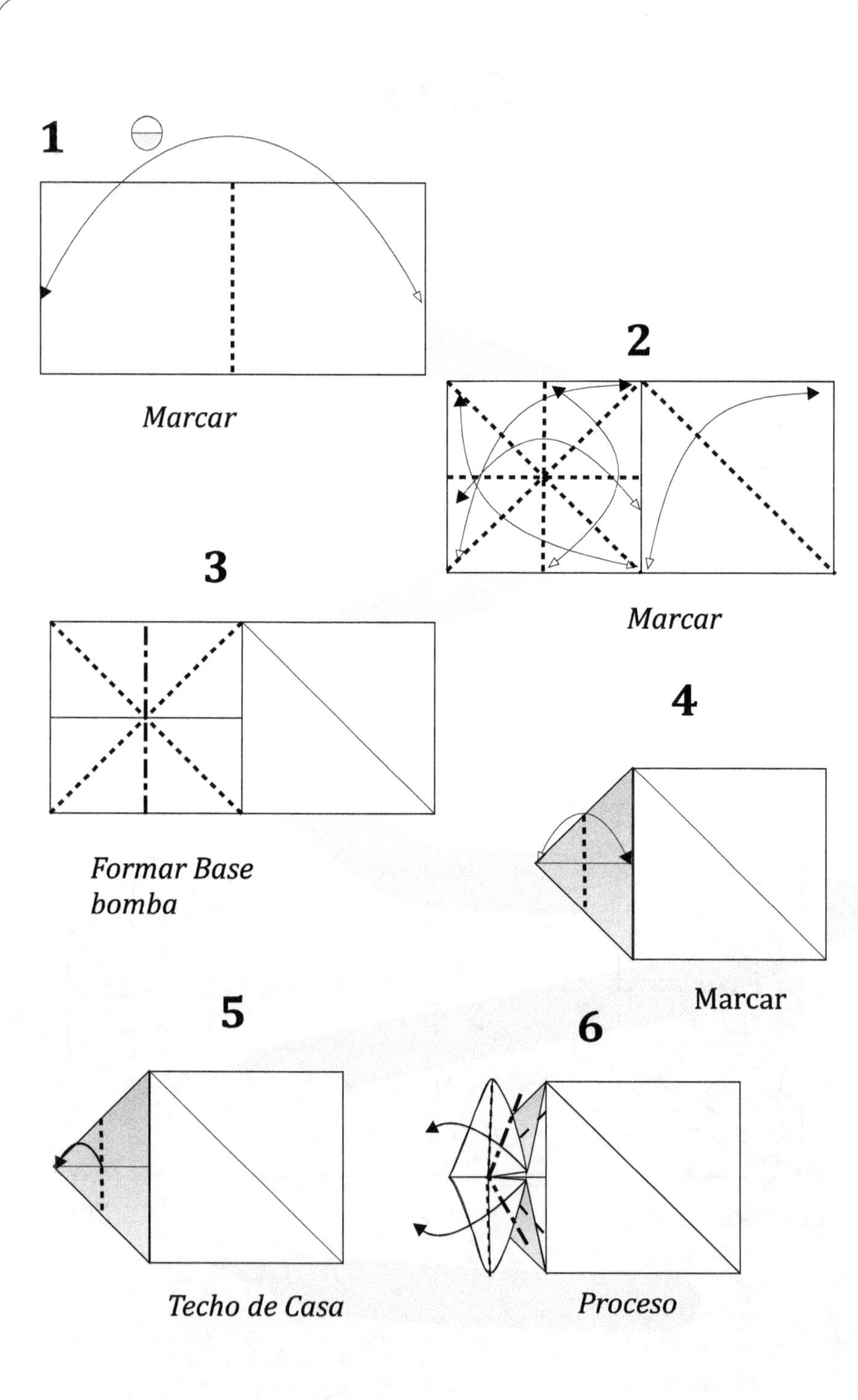

1
Marcar
2
Marcar
3
Formar Base
bomba
4
Marcar
5
Techo de Casa
6
Proceso

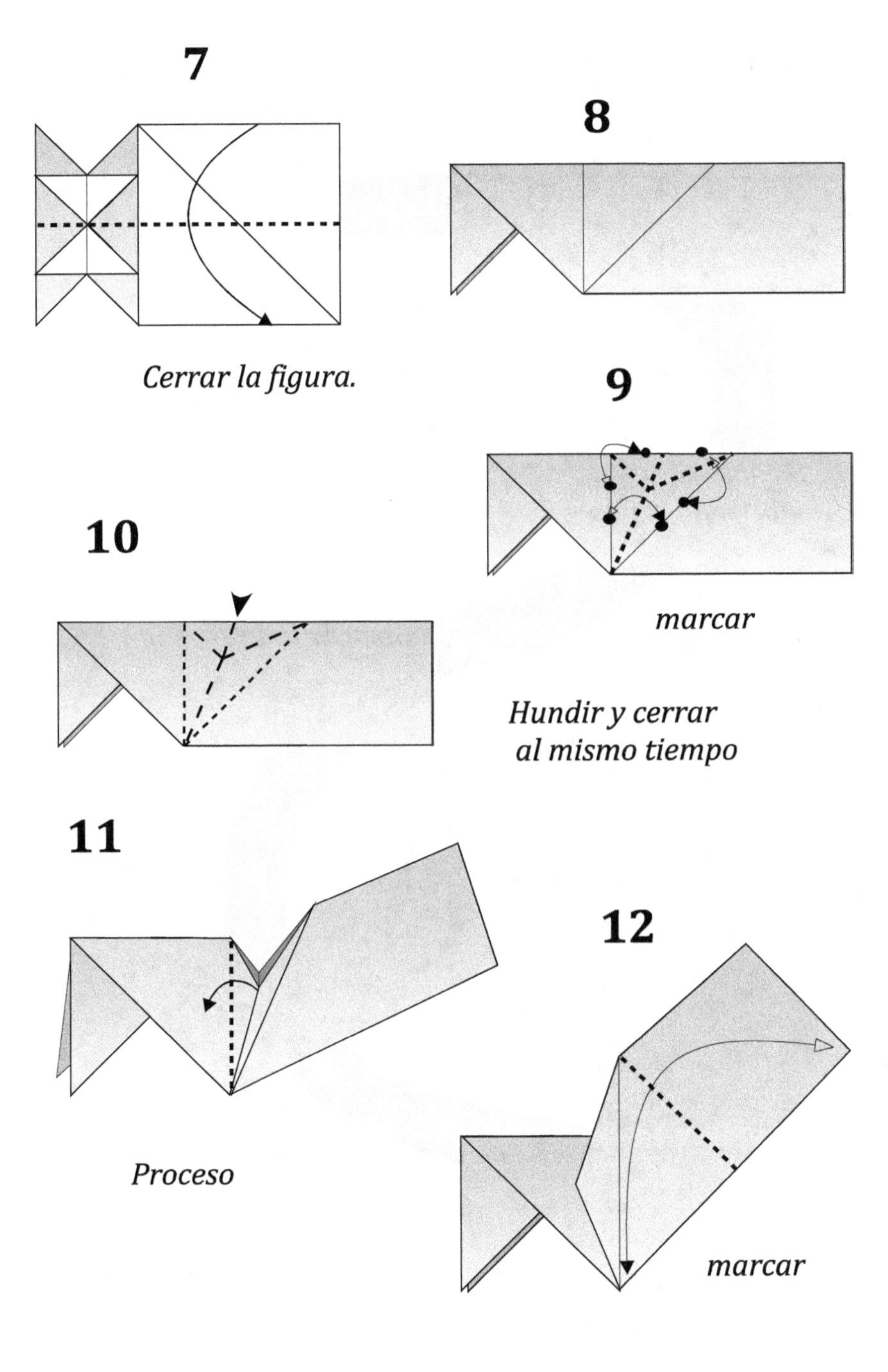

7

Cerrar la figura.

8

9

marcar

*Hundir y cerrar
al mismo tiempo*

10

11

Proceso

12

marcar

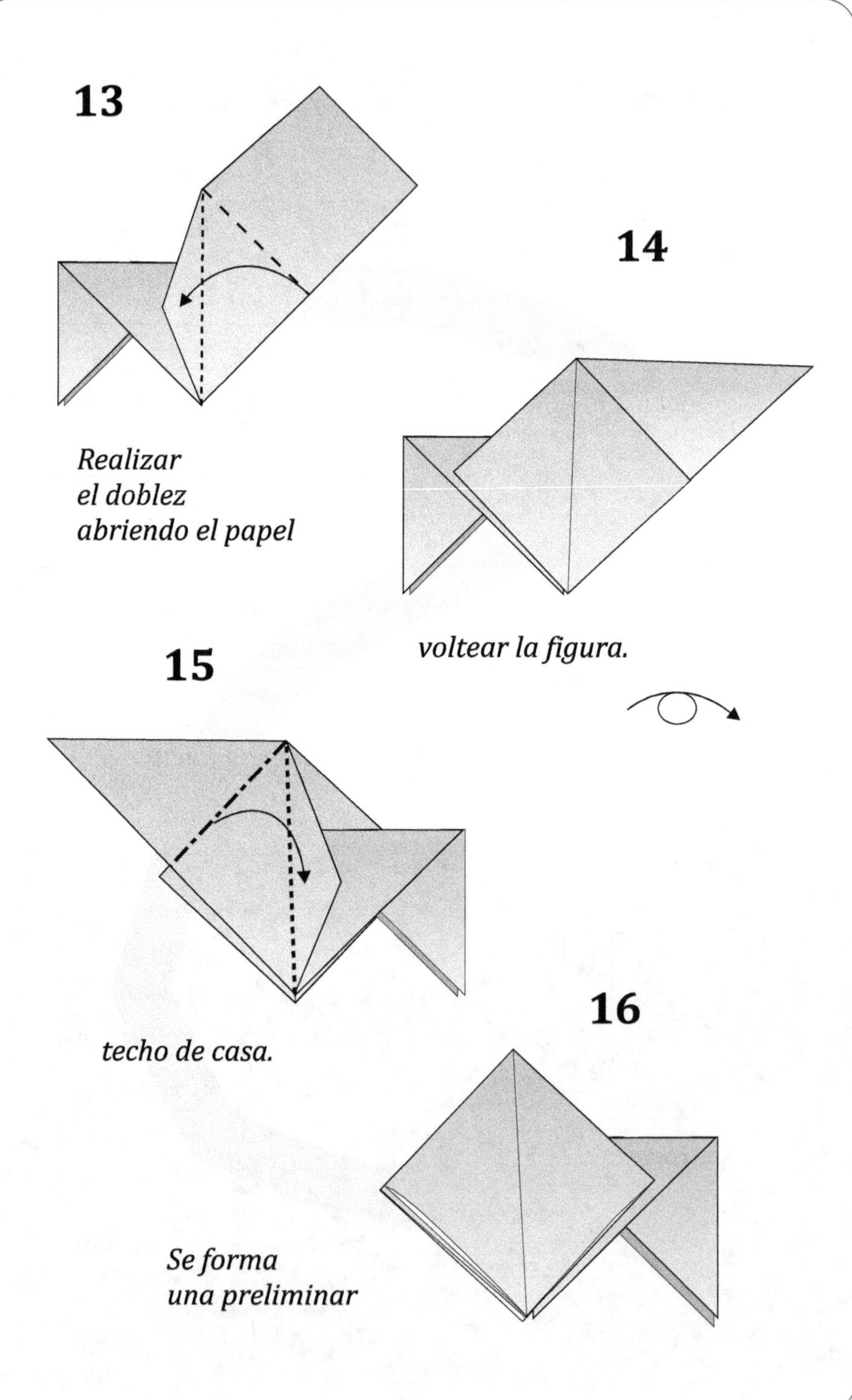

13

14

15

16

Realizar
el doblez
abriendo el papel

voltear la figura.

techo de casa.

Se forma
una preliminar

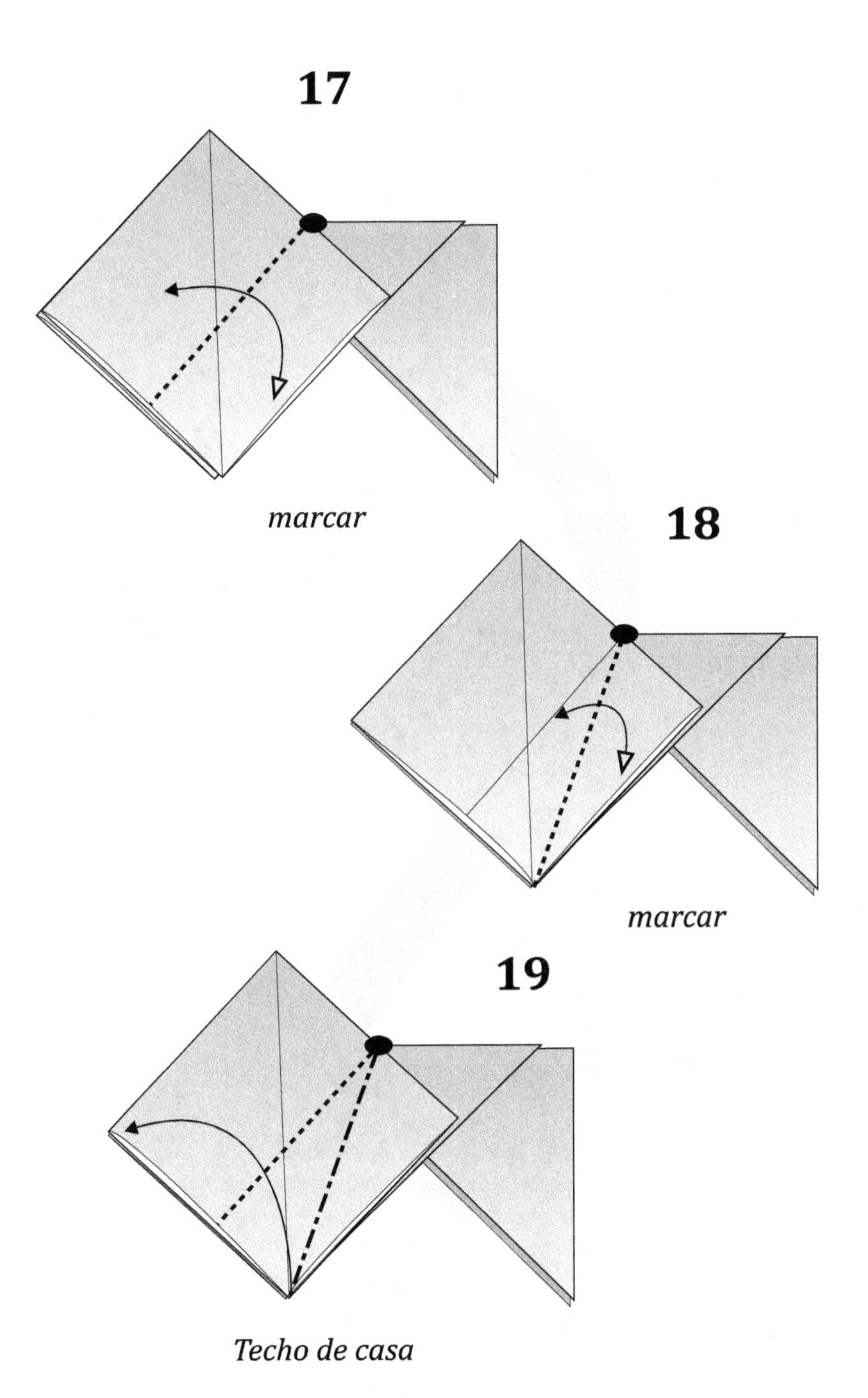

17

marcar

18

marcar

19

Techo de casa

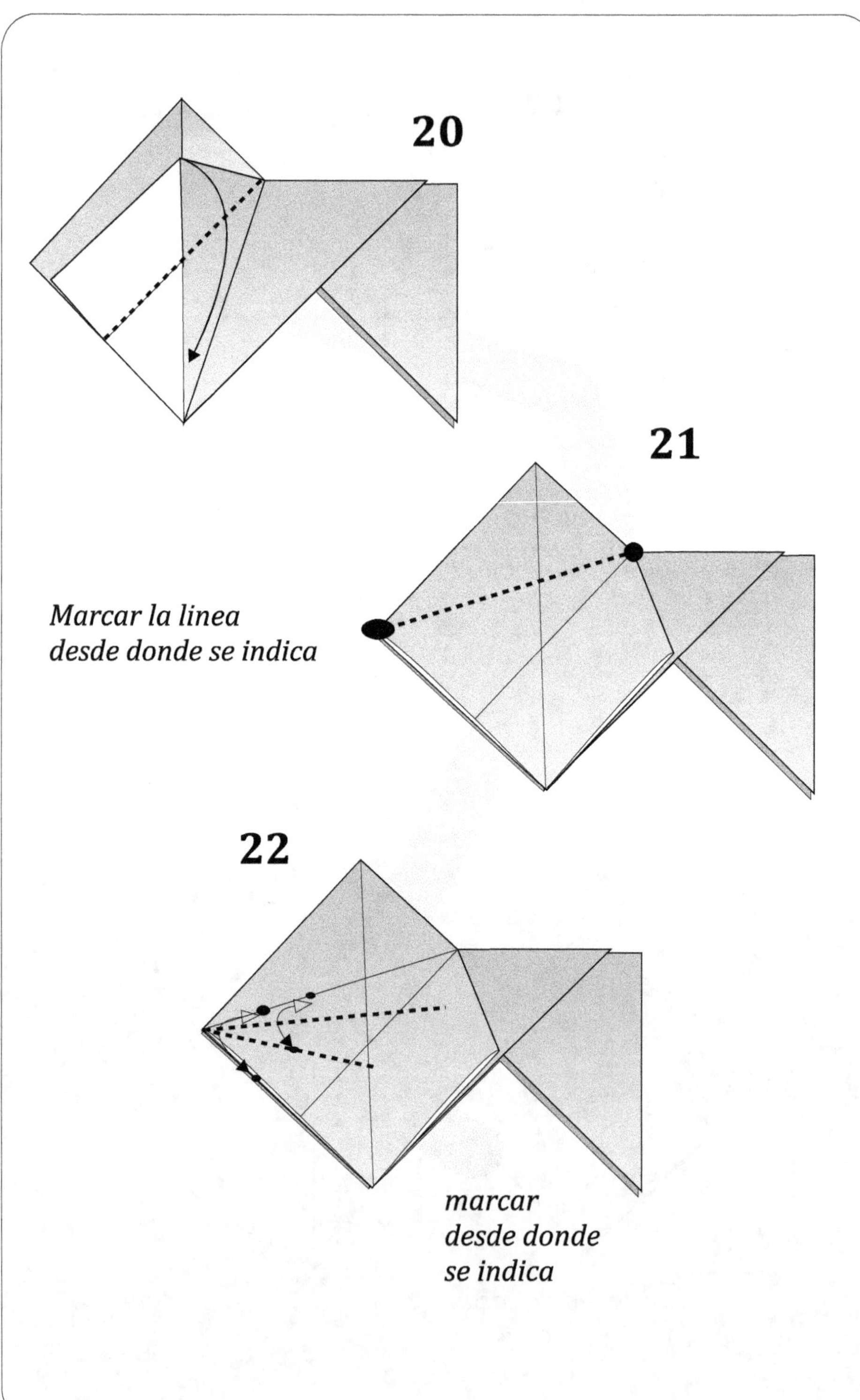

20
21
Marcar la linea
desde donde se indica
22
marcar
desde donde
se indica

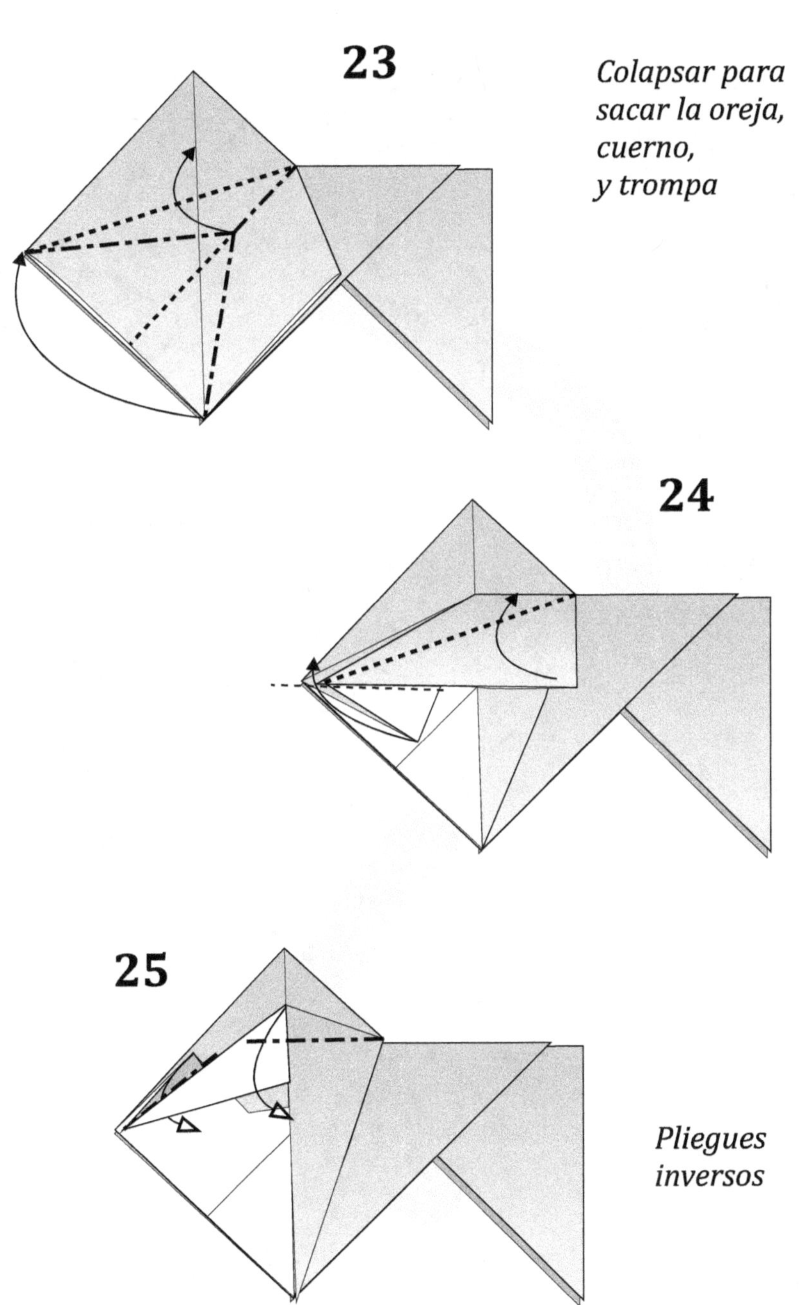

23

*Colapsar para
sacar la oreja,
cuerno,
y trompa*

24

25

*Pliegues
inversos*

26

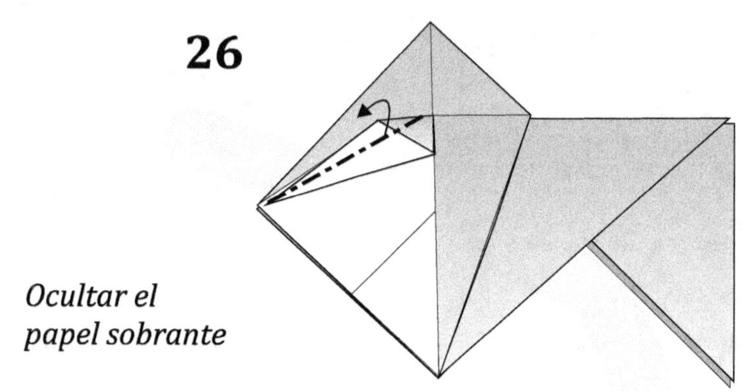

*Ocultar el
papel sobrante*

*repetir al otro lado
del paso 17 al 25*

27

28

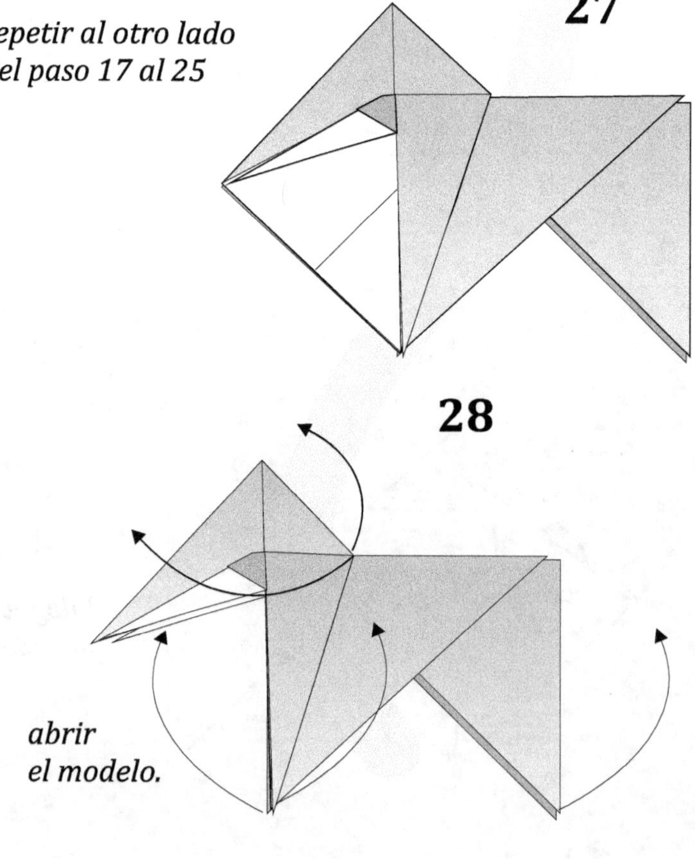

*abrir
el modelo.*

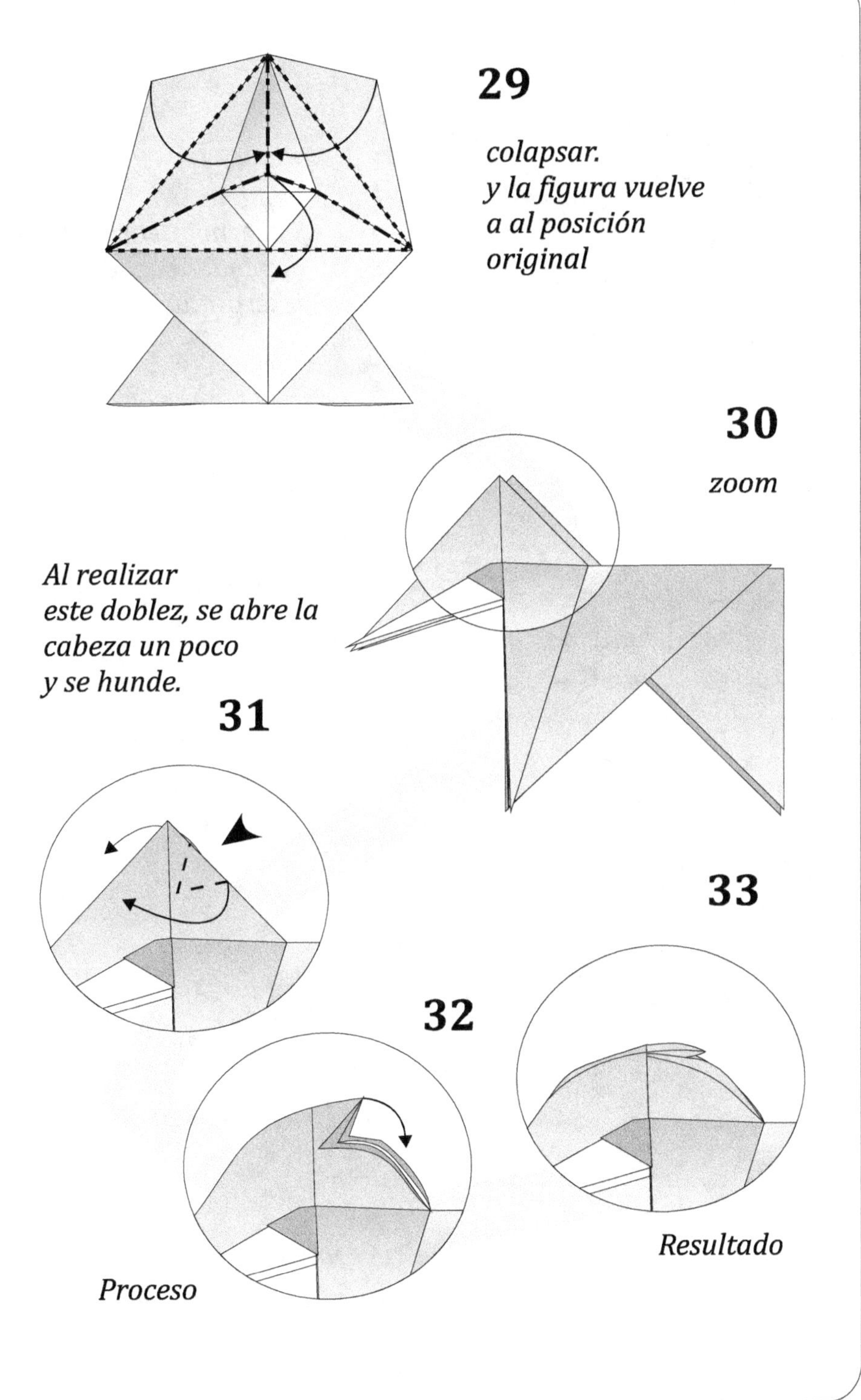

29
colapsar.
y la figura vuelve
a al posición
original
30
zoom
Al realizar
este doblez, se abre la
cabeza un poco
y se hunde.
31
33
32
Proceso
Resultado

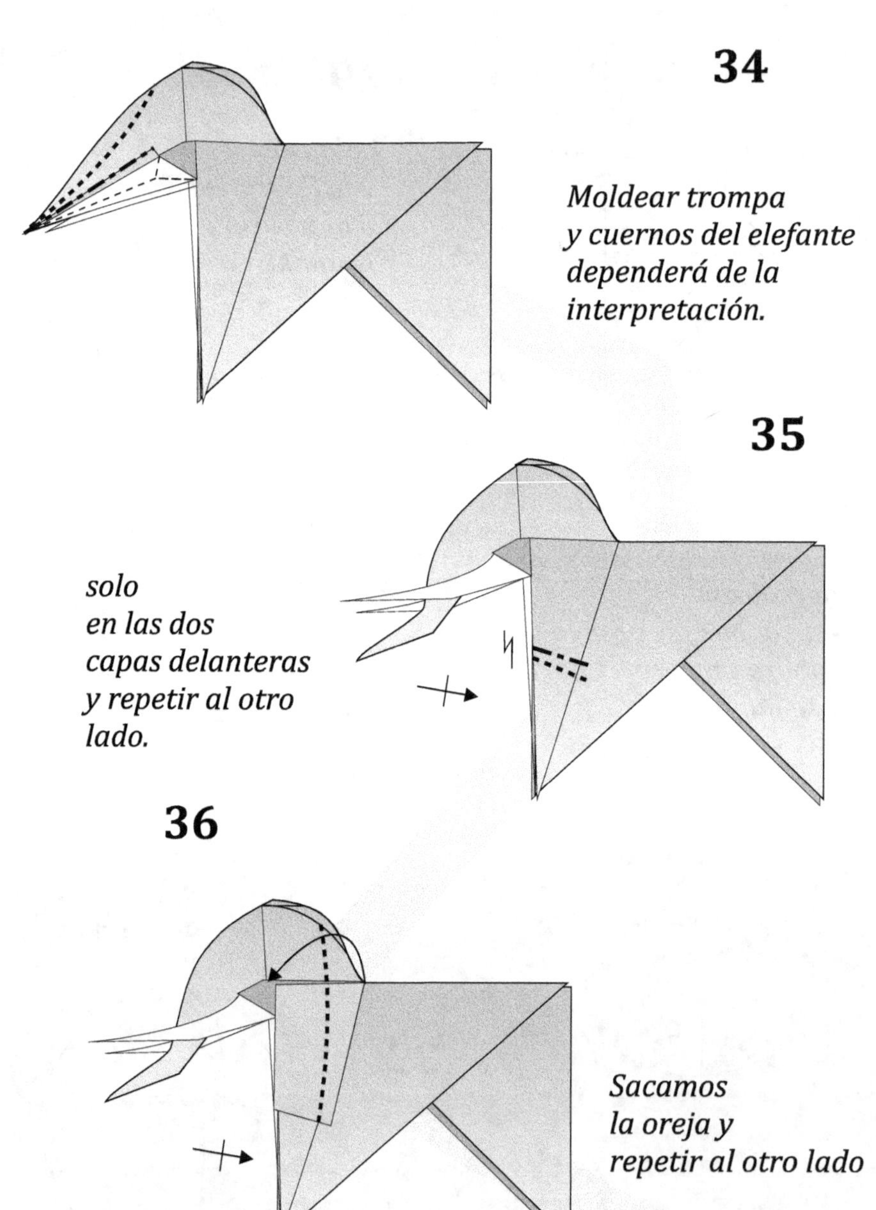

34

*Moldear trompa
y cuernos del elefante
dependerá de la
interpretación.*

35

*solo
en las dos
capas delanteras
y repetir al otro
lado.*

36

*Sacamos
la oreja y
repetir al otro lado*

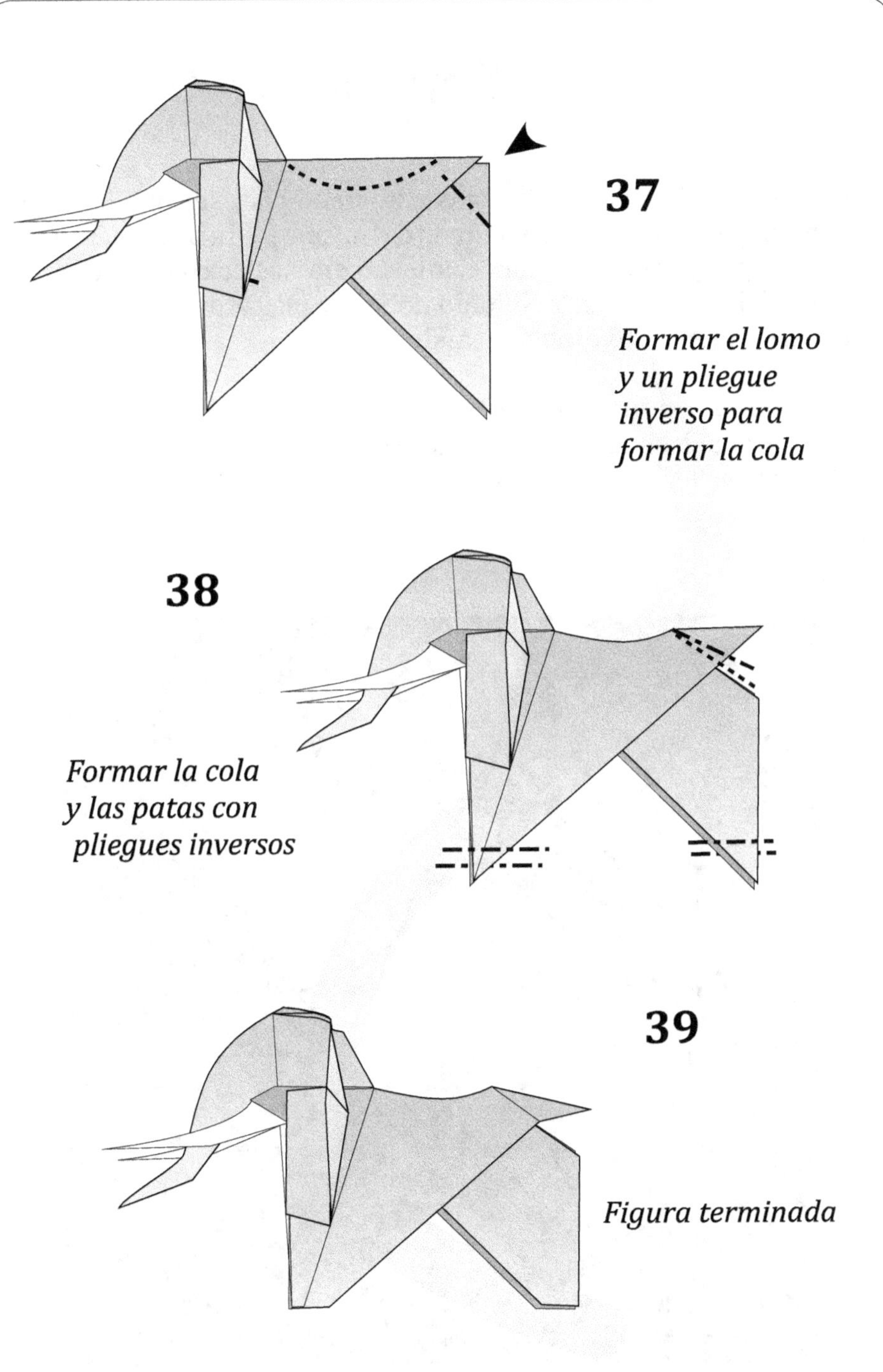

37

*Formar el lomo
y un pliegue
inverso para
formar la cola*

38

*Formar la cola
y las patas con
pliegues inversos*

39

Figura terminada

Tiburón

Este diseño en sus inicios era considerado para ser una ballena, pero luego de observar el volumen del mismo y su alargamiento, se decidió por un tiburón de nivel intermedio-básico con mandíbula. El modelo para mejor resultado debe ser plegado en húmedo en papel kimberly, iris e incluso sánduche.

Tamaño del cuadrado: 20 x 20 cm.
Tipo de papel: kimberly, sánduche, iris.
Técnica de Plegado: húmedo o en seco.

aletas   cabeza

cola   aletas

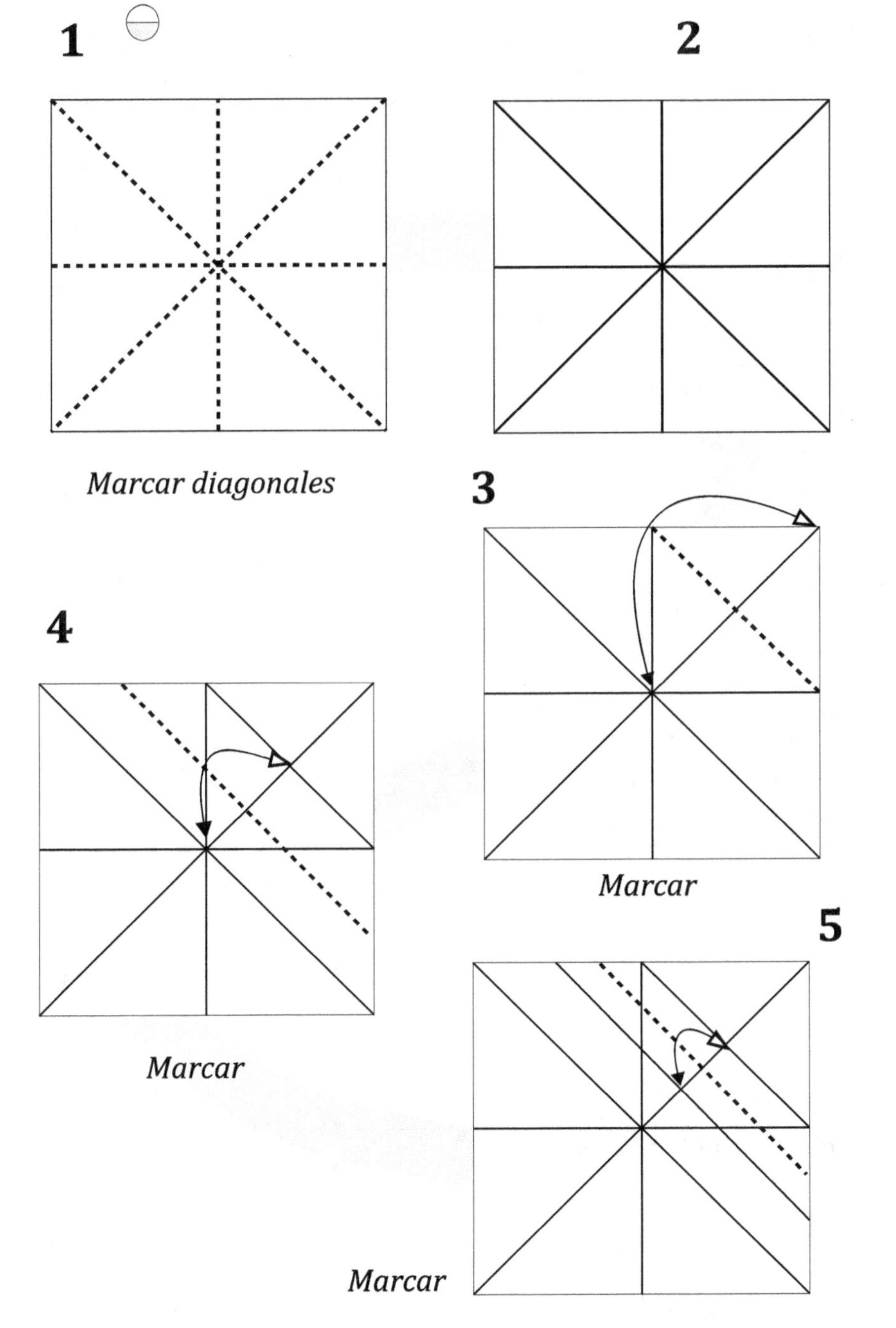

1
2
Marcar diagonales
3
Marcar
4
Marcar
5
Marcar

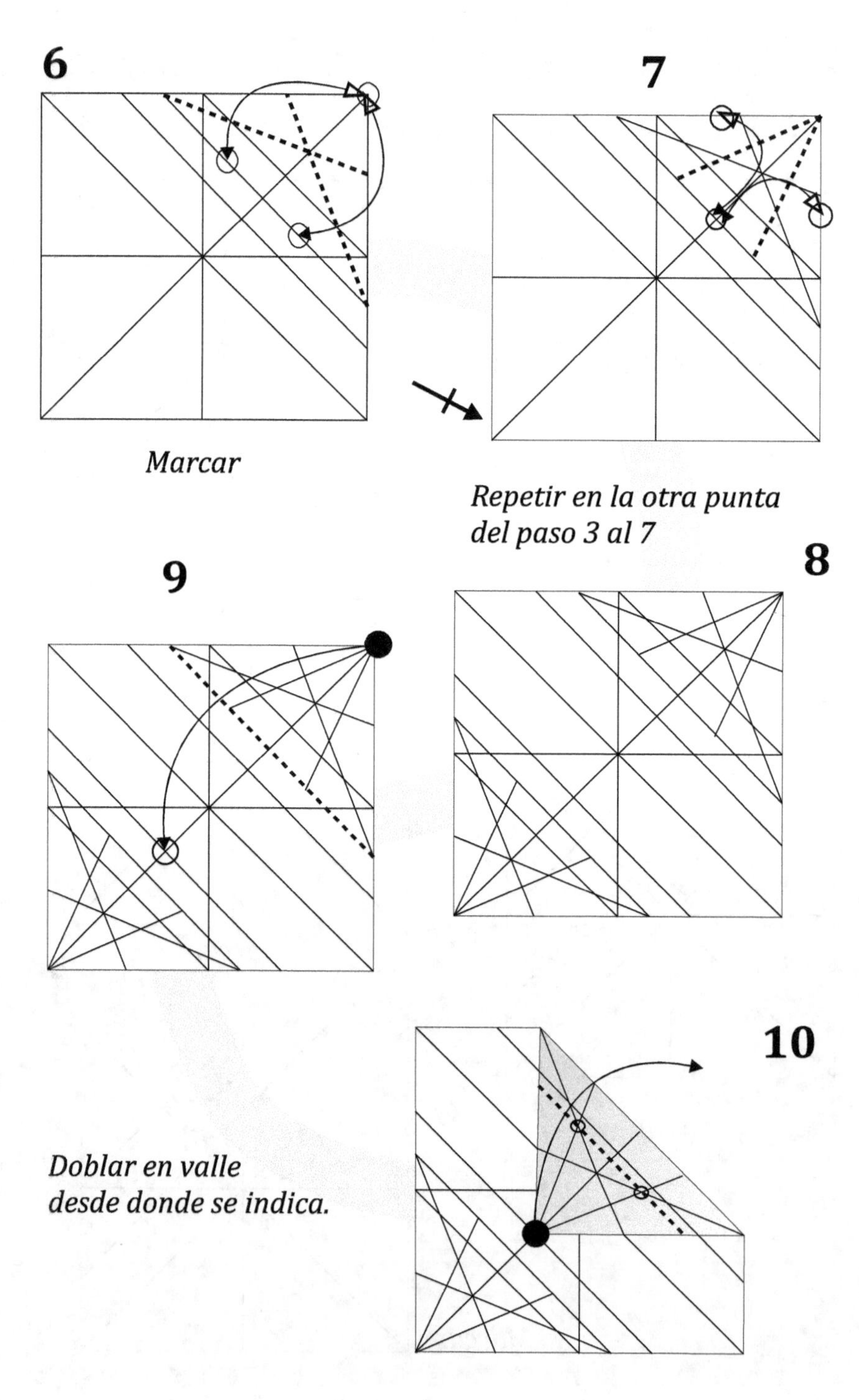

6
7
Marcar
Repetir en la otra punta
del paso 3 al 7
8
9
Doblar en valle
desde donde se indica.
10

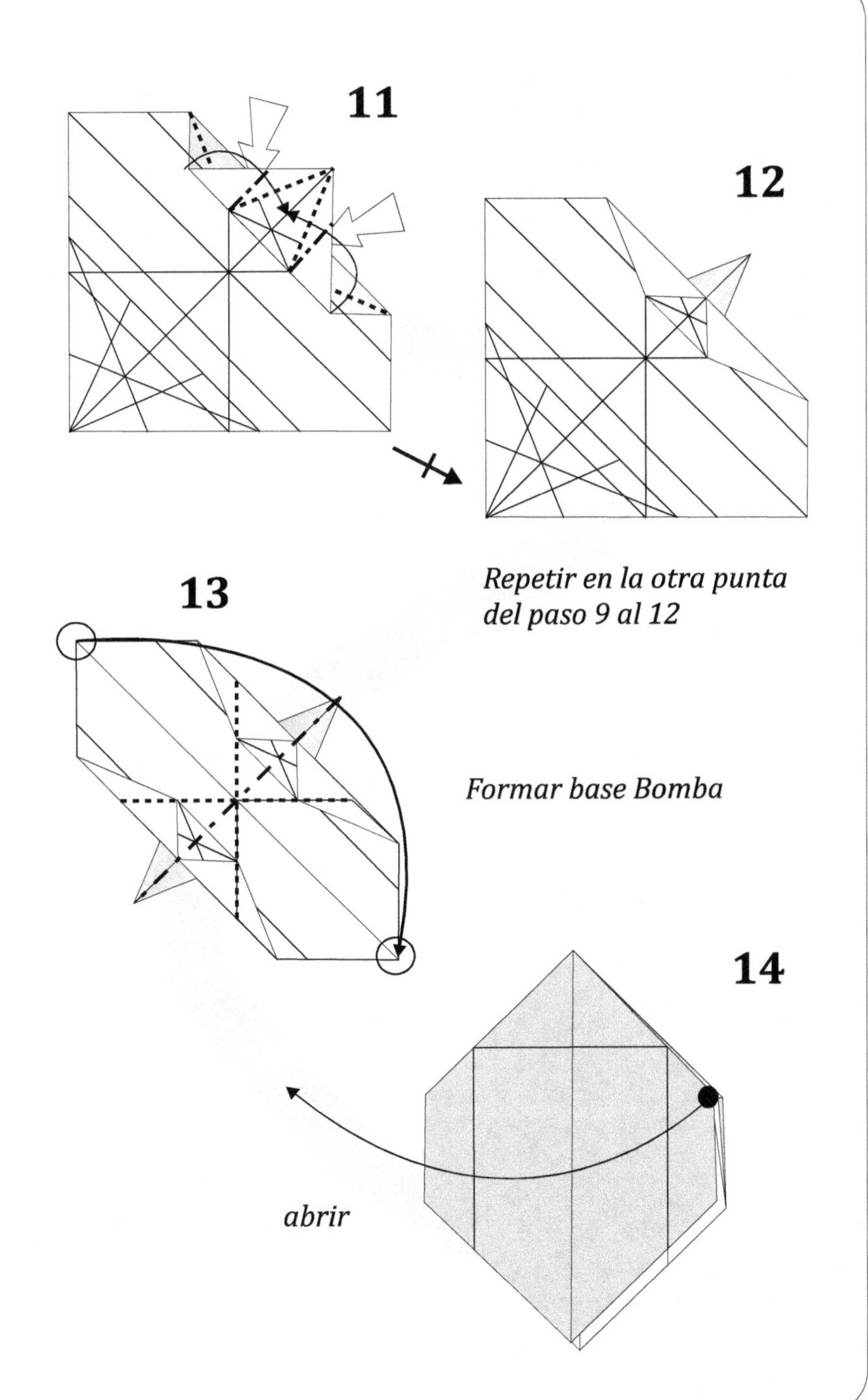

11

12

*Repetir en la otra punta
del paso 9 al 12*

13

Formar base Bomba

14

abrir

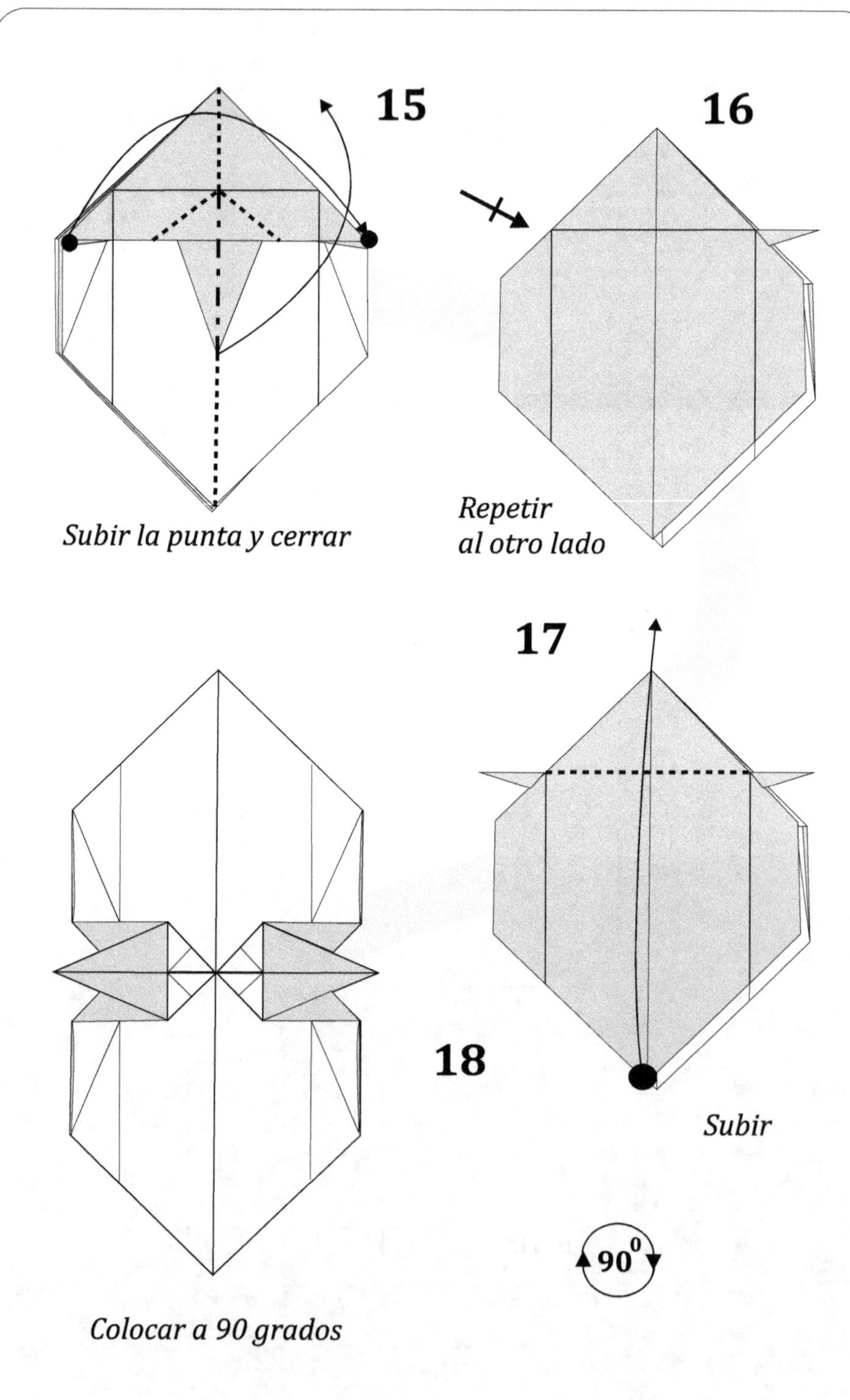

15
16
Subir la punta y cerrar
Repetir
al otro lado
17
18
Subir
90°
Colocar a 90 grados

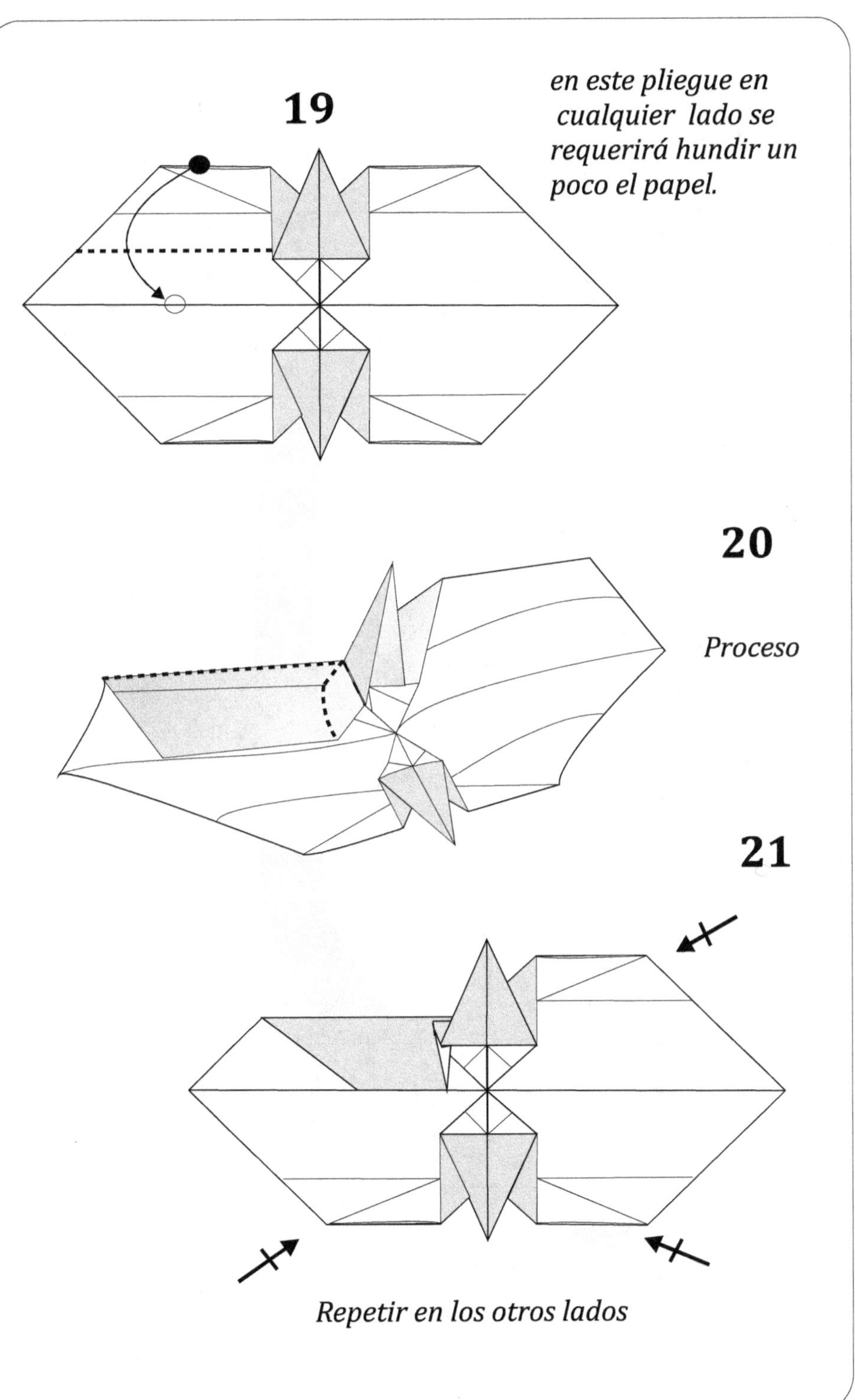

19
en este pliegue en cualquier lado se requerirá hundir un poco el papel.
20
Proceso
21
Repetir en los otros lados

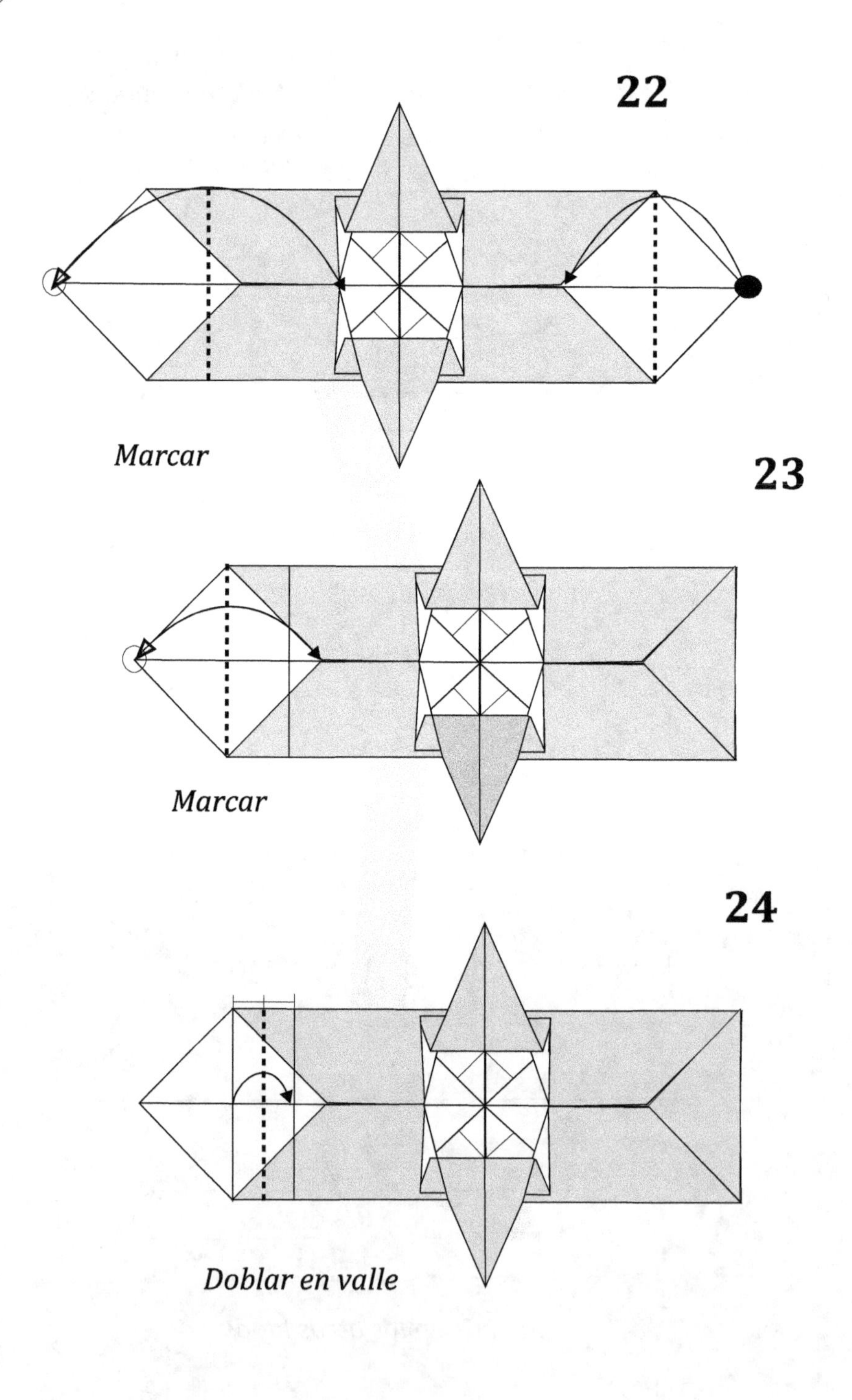

22
Marcar
23
Marcar
24
Doblar en valle

25

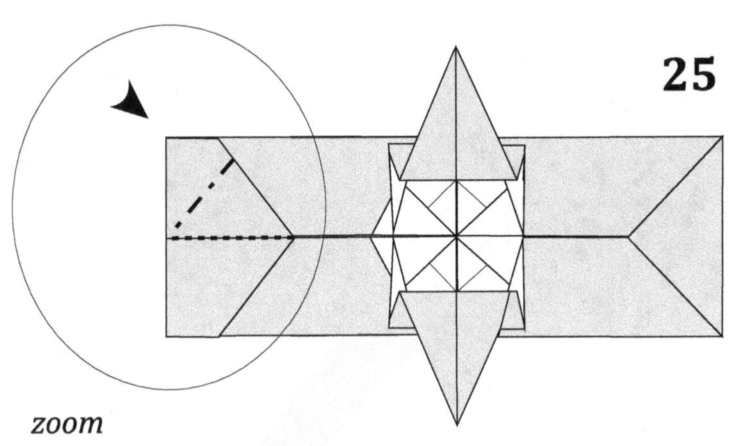

zoom

26

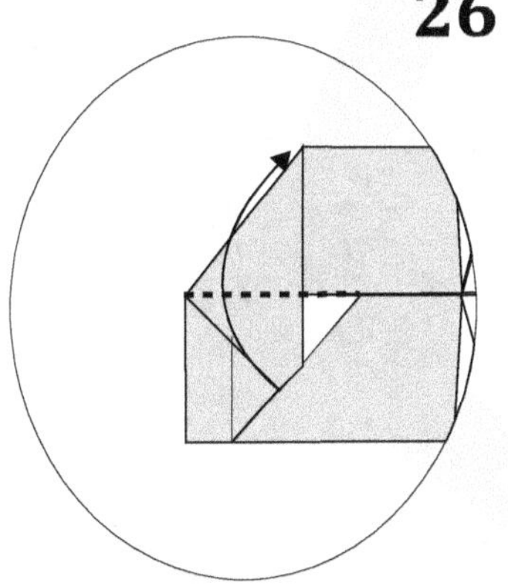

27

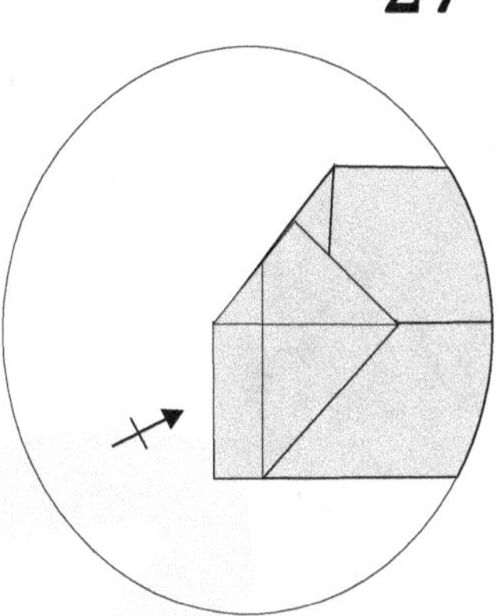

Repetir en el otro lado

28

techo de casa

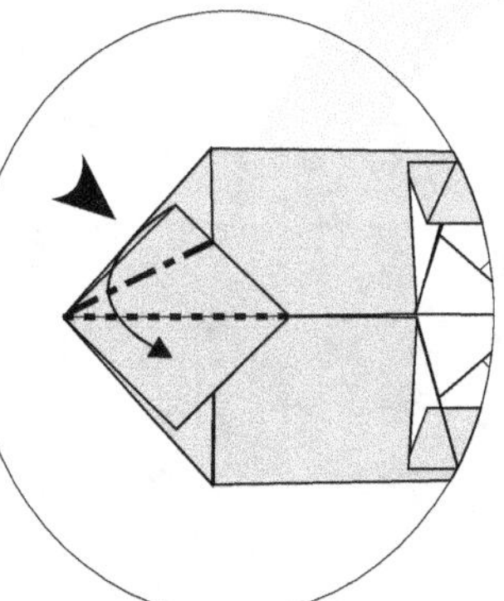

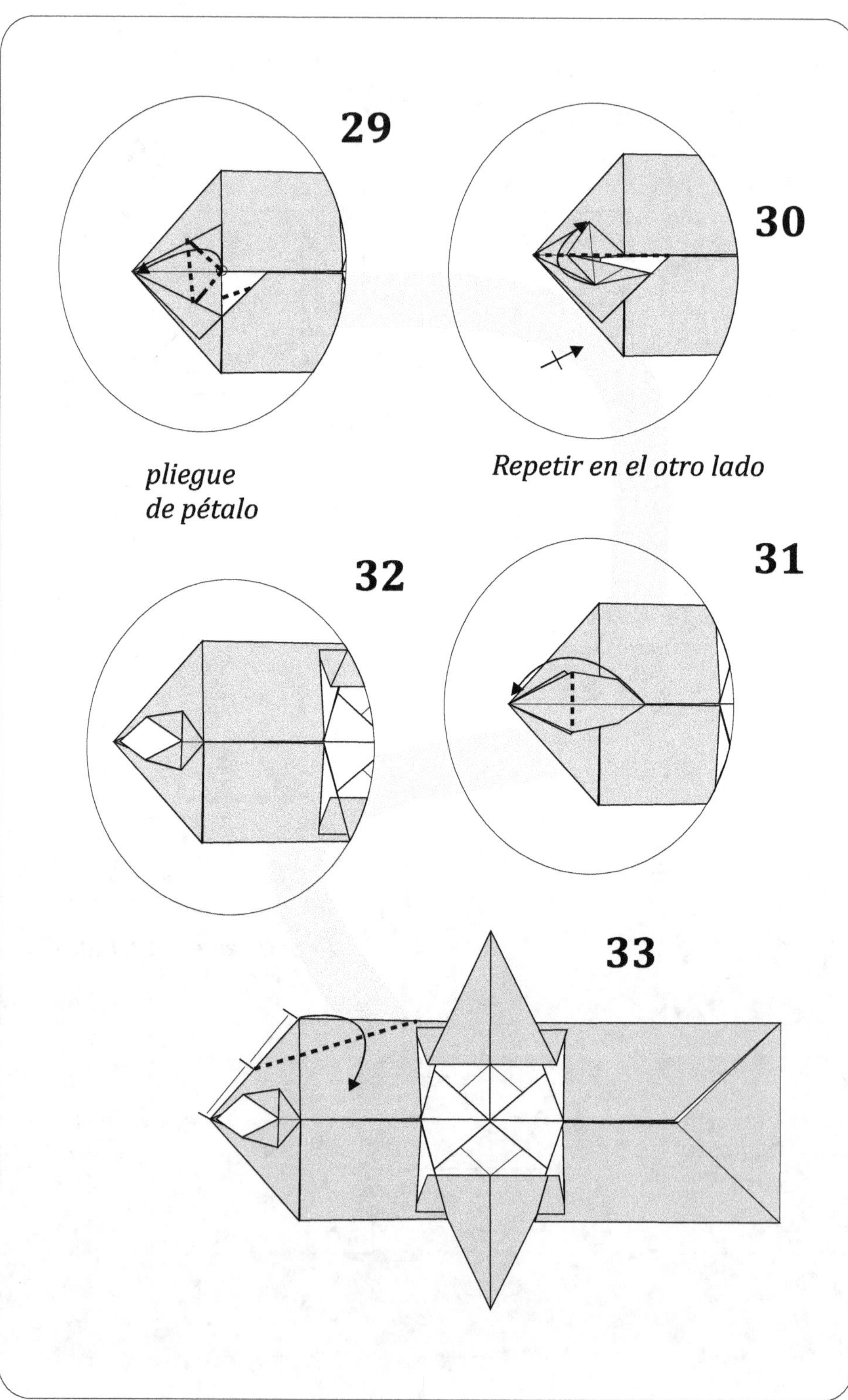

29
30
pliegue
de pétalo
Repetir en el otro lado
32
31
33

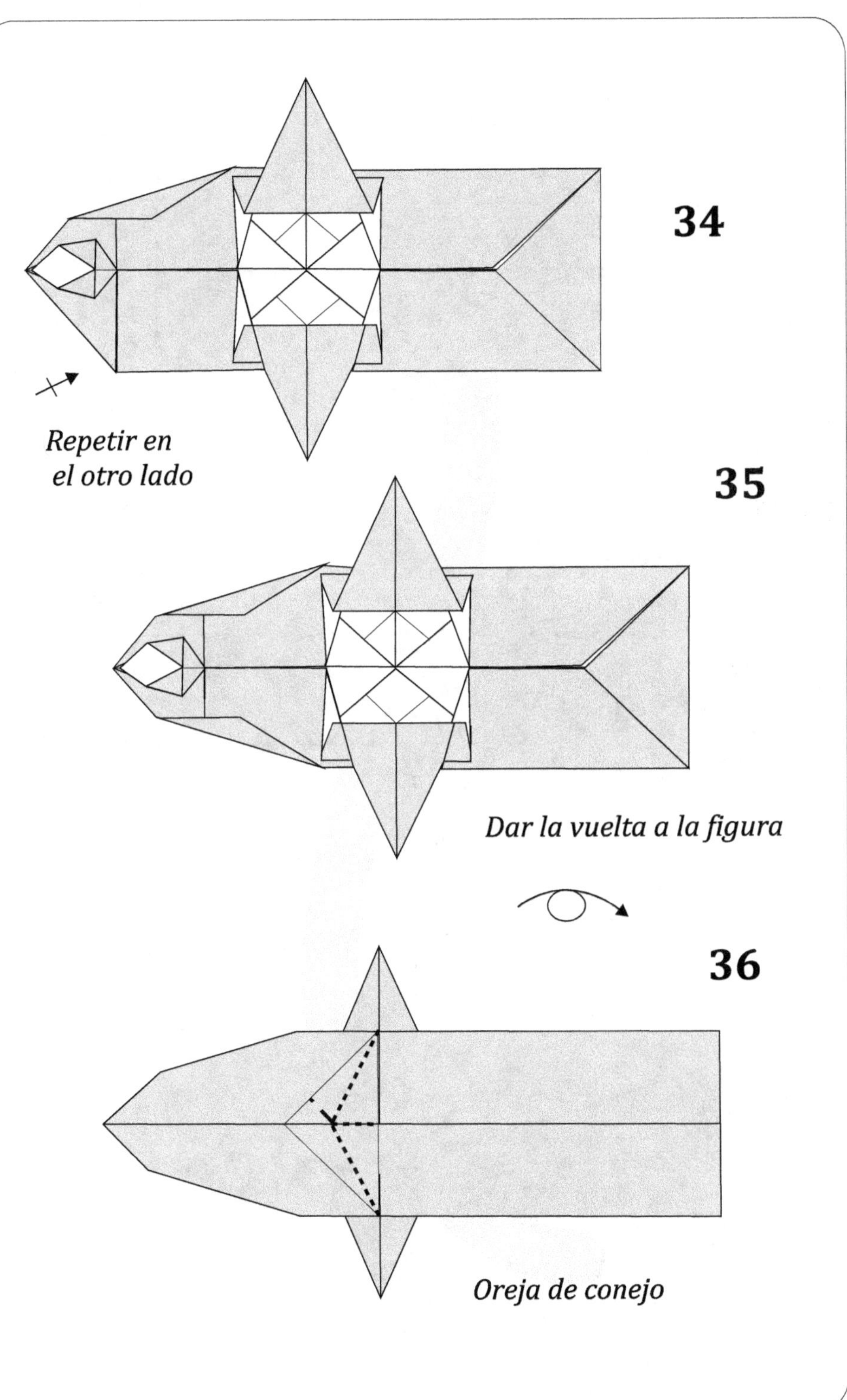

34

*Repetir en
el otro lado*

35

Dar la vuelta a la figura

36

Oreja de conejo

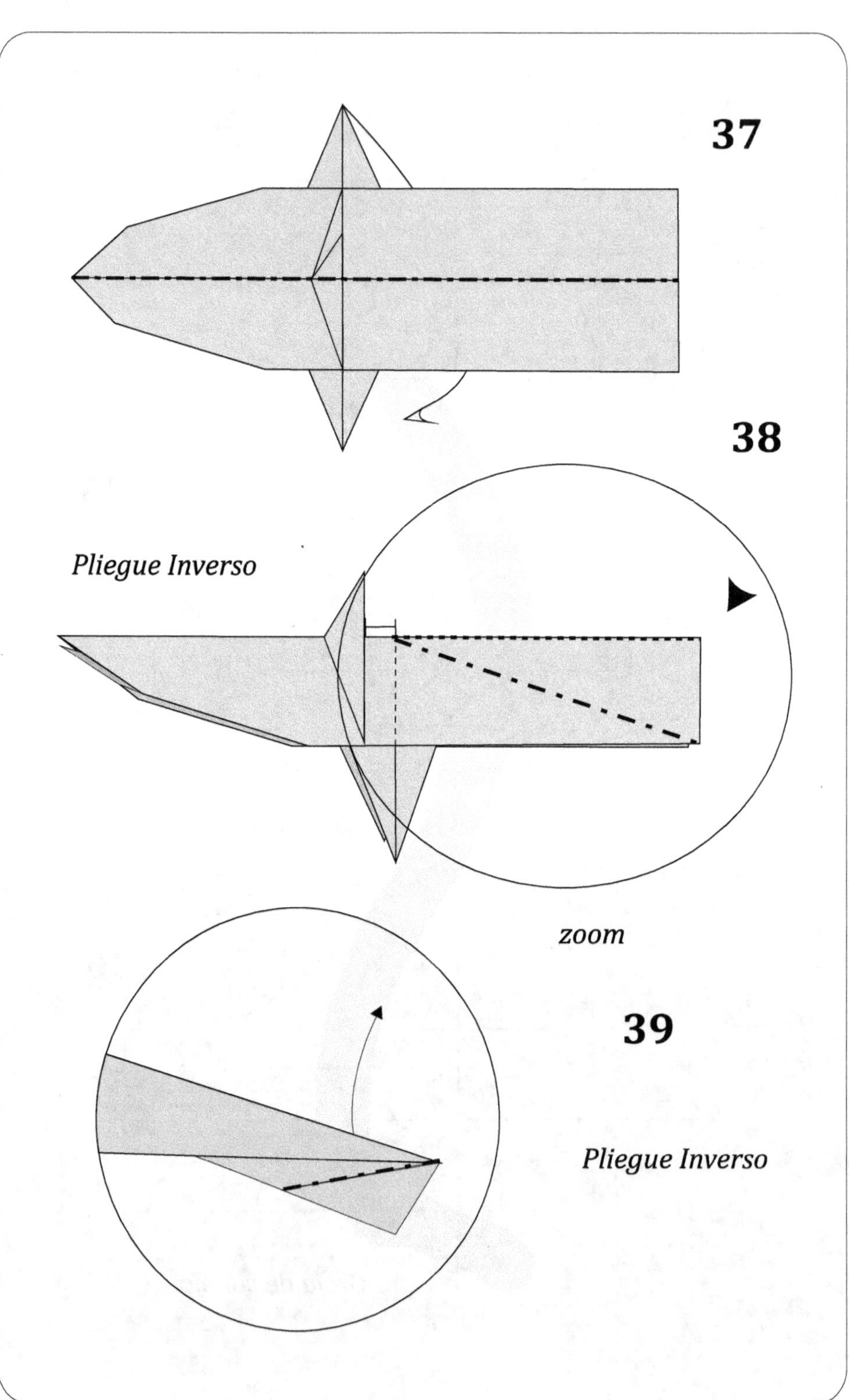

37
38
Pliegue Inverso
zoom
39
Pliegue Inverso

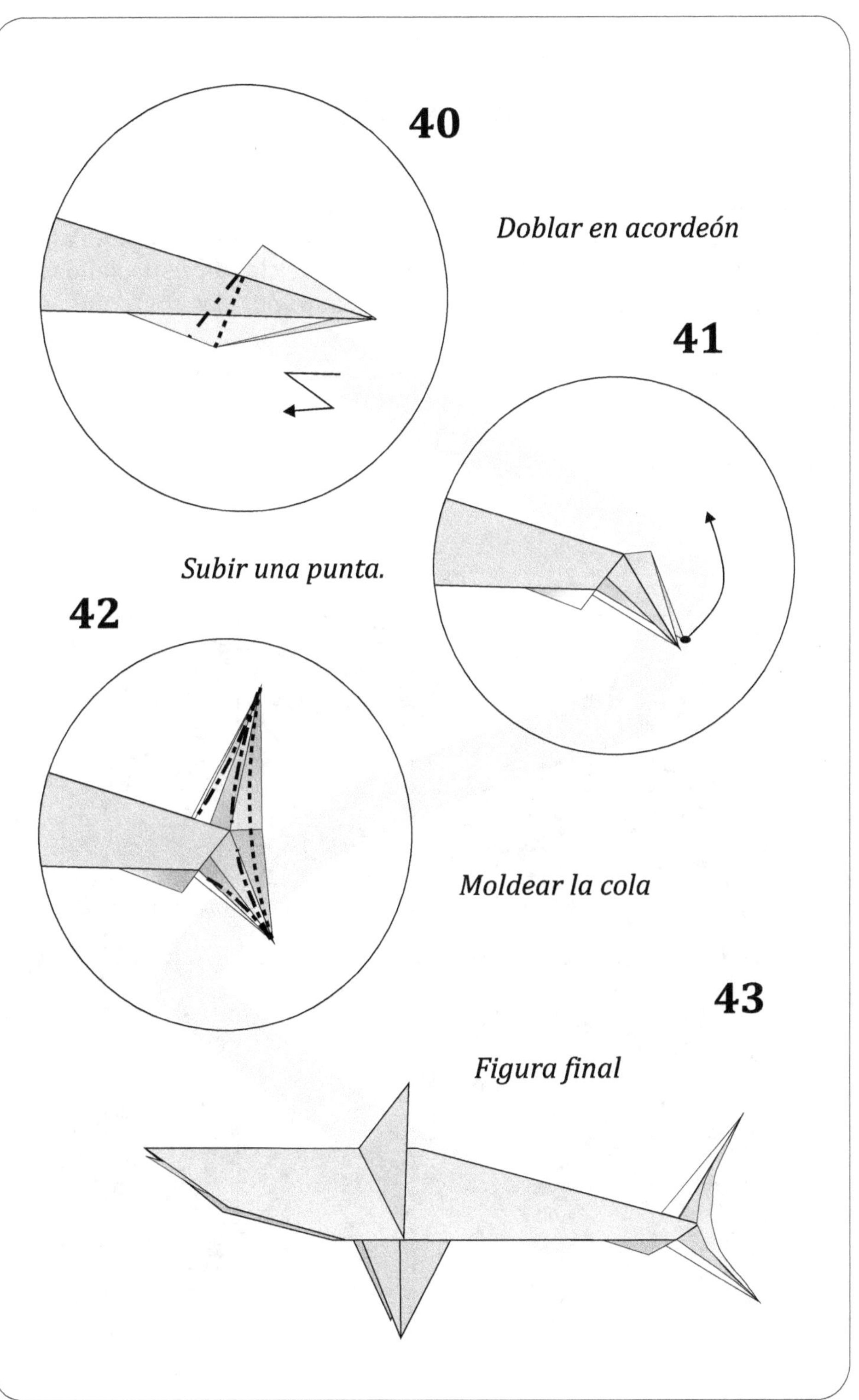

40
Doblar en acordeón
41
Subir una punta.
42
Moldear la cola
43
Figura final

Alpaca

La alpaca, es un diseño que parte de la base blintz, esta base tradicional de origami posee la propiedad de generar punta. Para doblar el modelo se requiere de mucha motricidad y espacialidad mental, su nivel es intermedio-avanzado por la complejidad motriz.
Se recomienda plegarlo en seco en CMC o en papel áanduche

Tamaño del Cuadrado: 50 x 50 cm.
Técnica de Plegado: Seco.

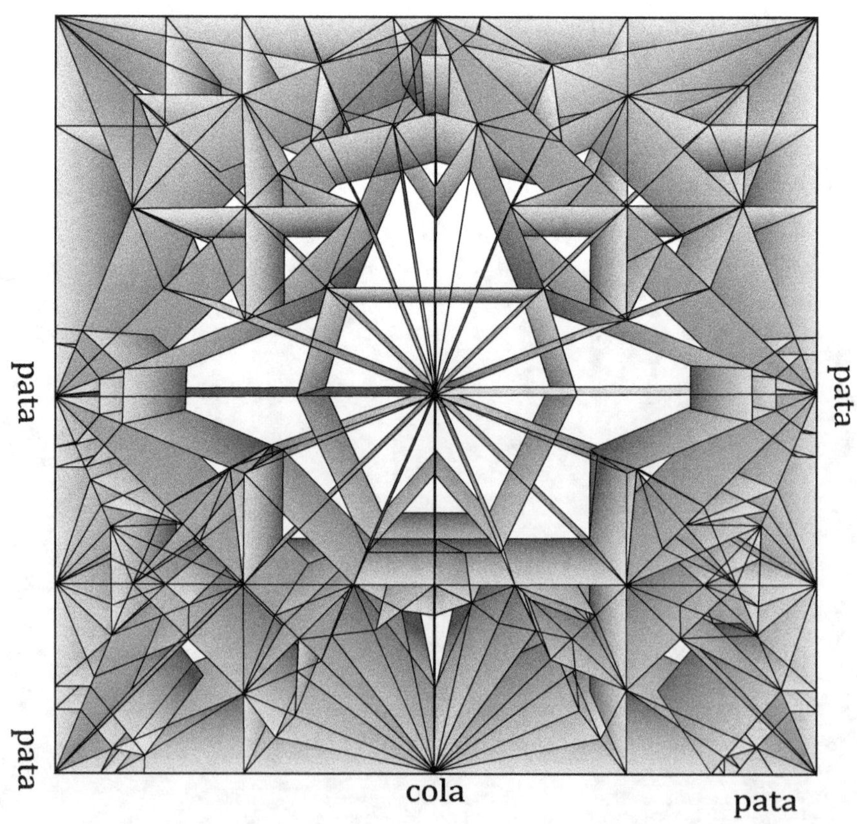

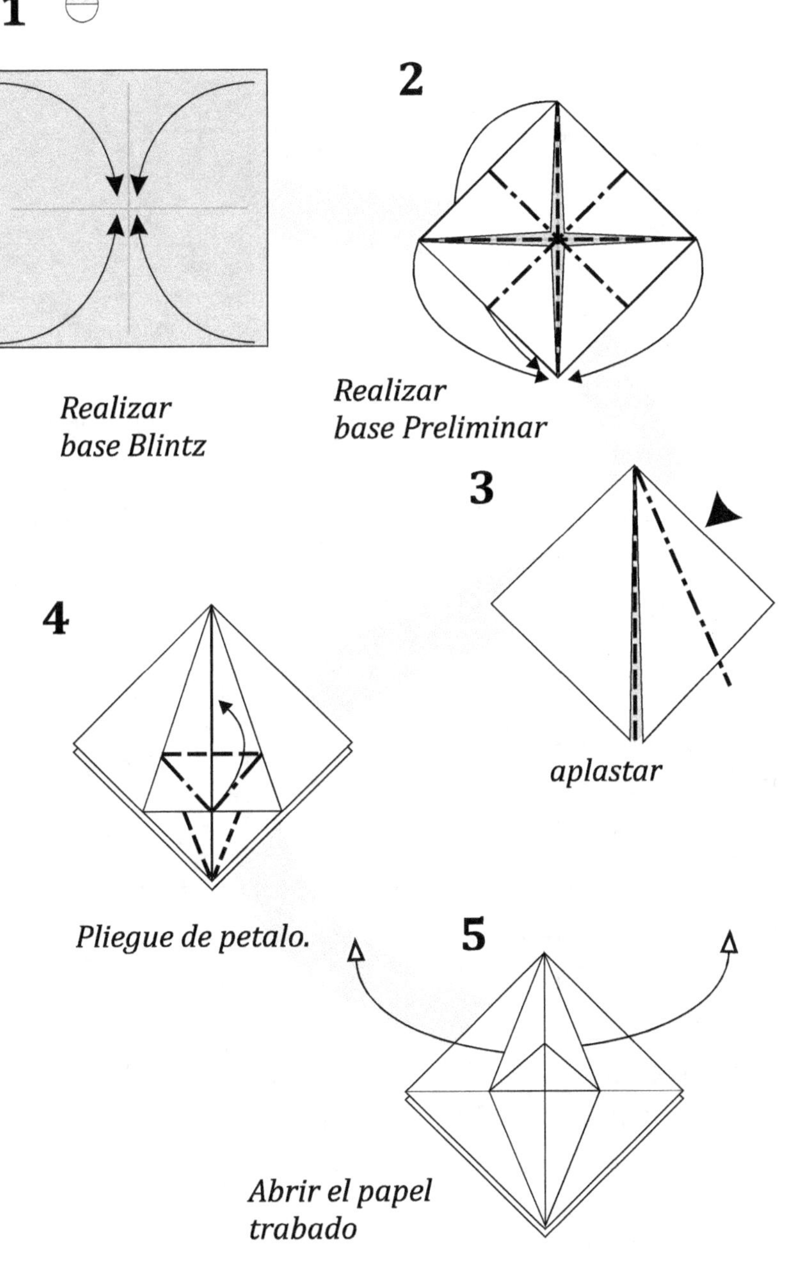

1

*Realizar
base Blintz*

2

*Realizar
base Preliminar*

3

aplastar

4

Pliegue de petalo.

5

*Abrir el papel
trabado*

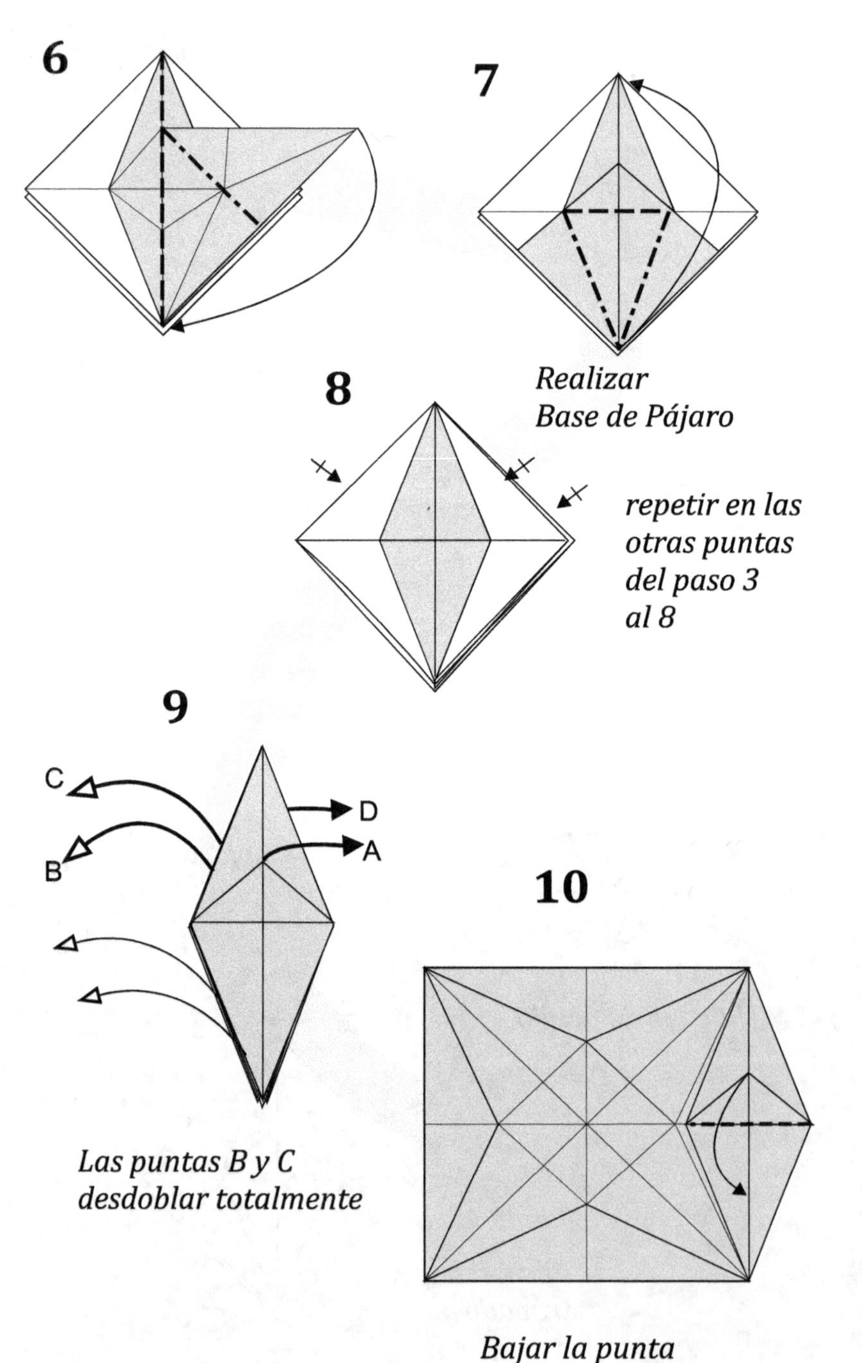

6

7

Realizar
Base de Pájaro

8

repetir en las
otras puntas
del paso 3
al 8

9

C
B
D
A

Las puntas B y C
desdoblar totalmente

10

Bajar la punta

11

Marcar

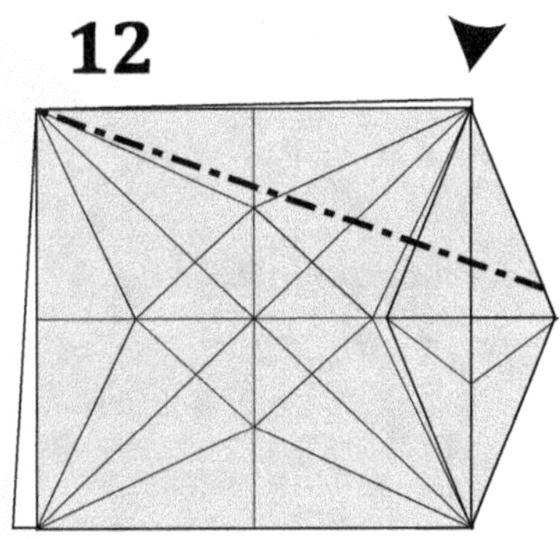

hundir.

12

13

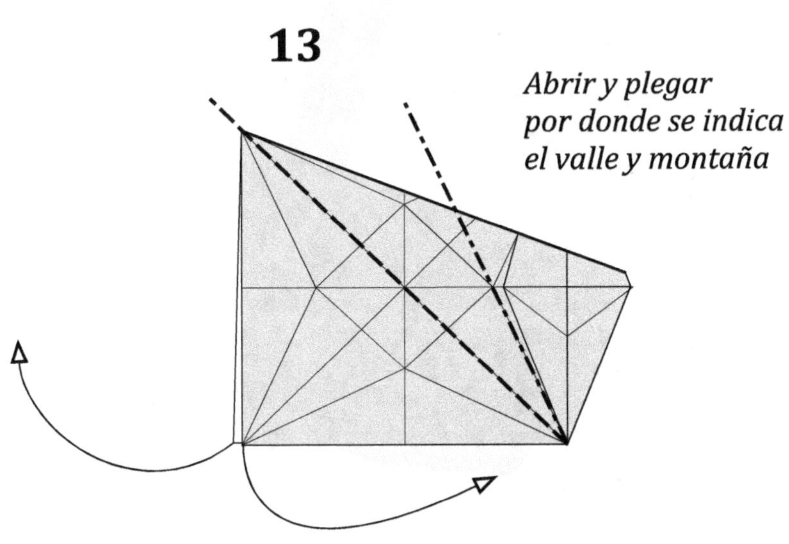

*Abrir y plegar
por donde se indica
el valle y montaña*

14

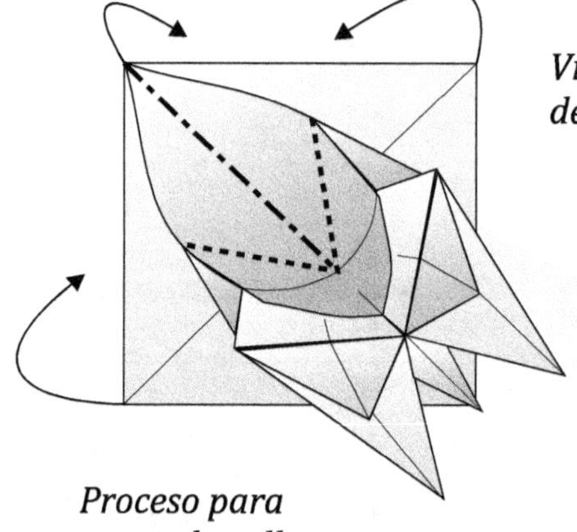

*Vista
desde arriba*

*Proceso para
sacar el cuello*

*Empujar un poco
hacia adentro*

15

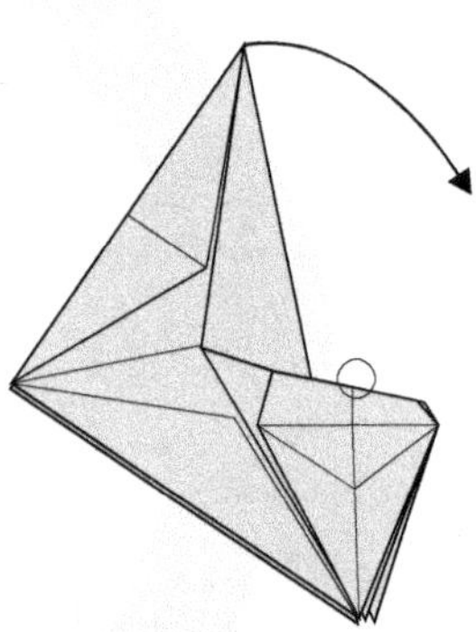

16

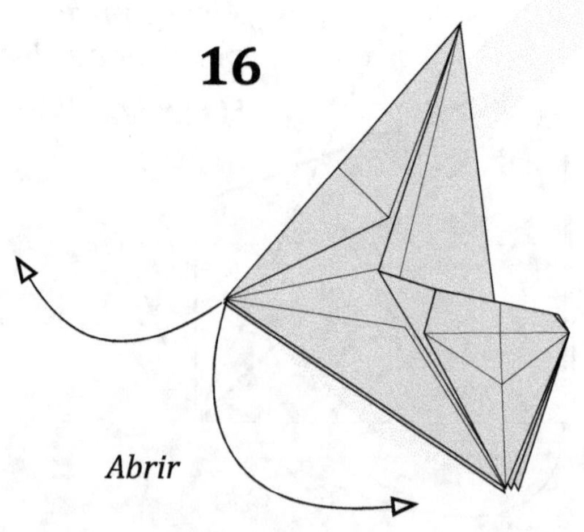

Abrir

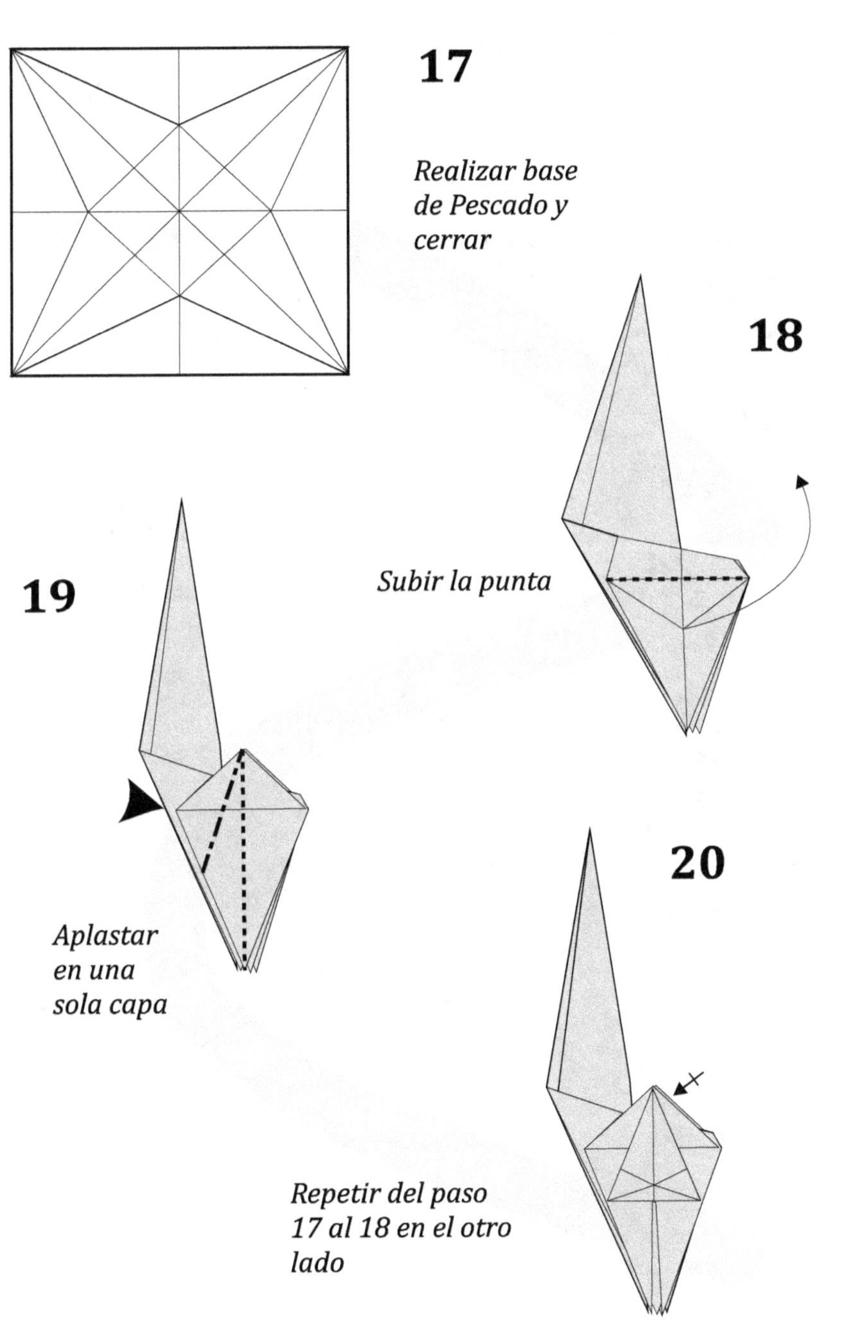

17

*Realizar base
de Pescado y
cerrar*

18

Subir la punta

19

*Aplastar
en una
sola capa*

20

*Repetir del paso
17 al 18 en el otro
lado*

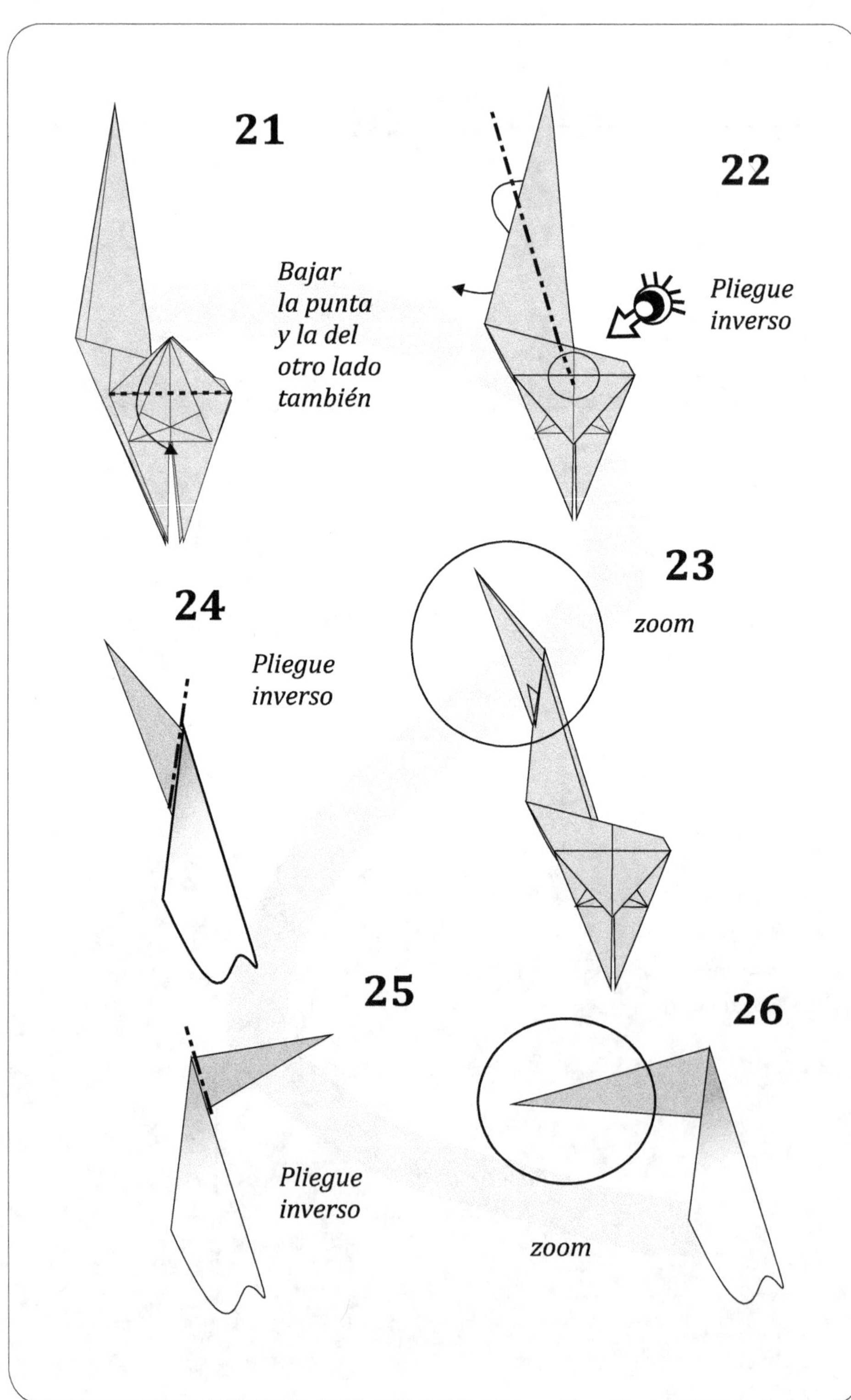

21
Bajar
la punta
y la del
otro lado
también
22
Pliegue
inverso
23
zoom
24
Pliegue
inverso
25
Pliegue
inverso
26
zoom

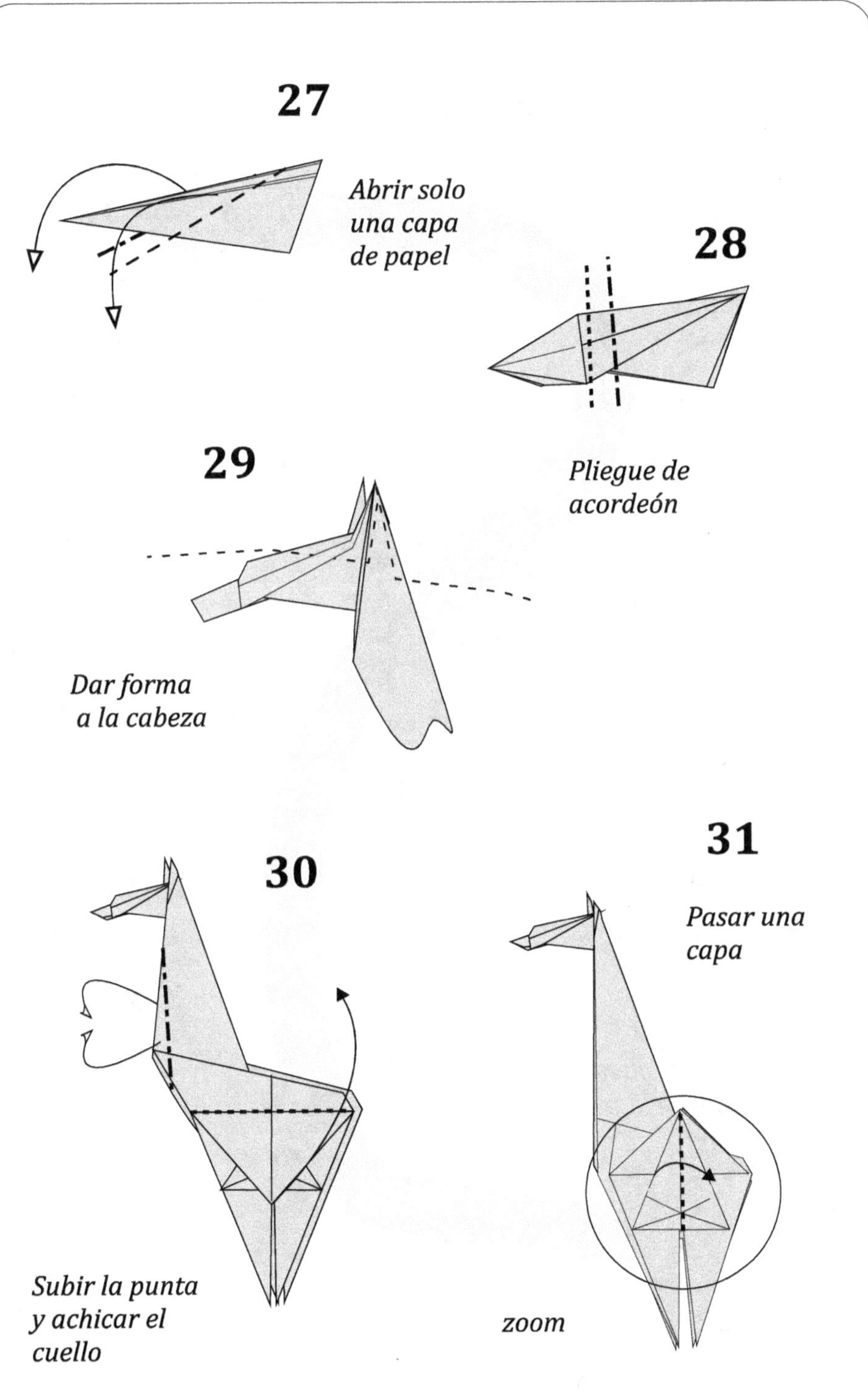

27
Abrir solo
una capa
de papel
28
Pliegue de
acordeón
29
Dar forma
a la cabeza
30
Subir la punta
y achicar el
cuello
31
Pasar una
capa
zoom

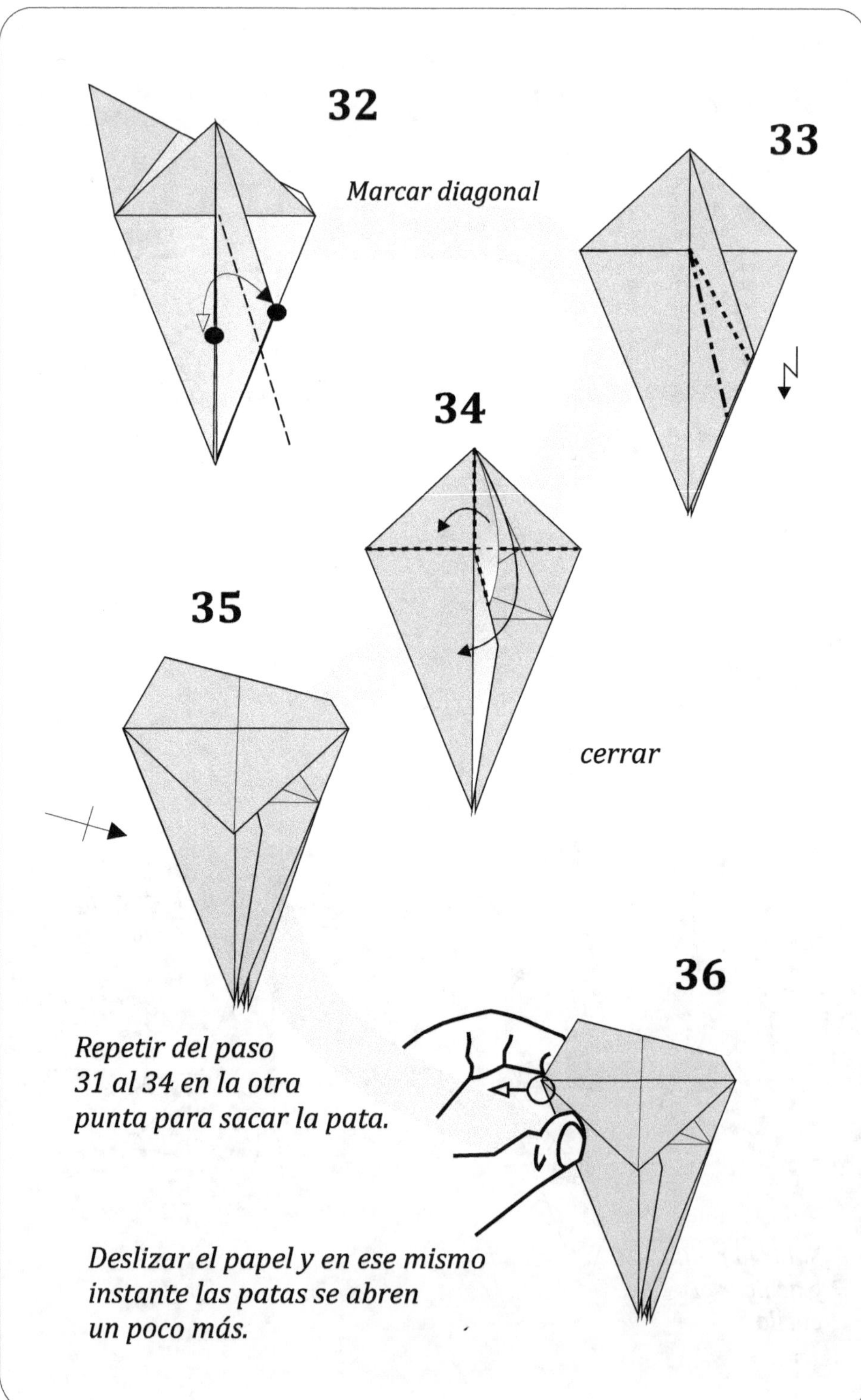

32
Marcar diagonal
33
34
35
cerrar
36
Repetir del paso
31 al 34 en la otra
punta para sacar la pata.

Deslizar el papel y en ese mismo
instante las patas se abren
un poco más.

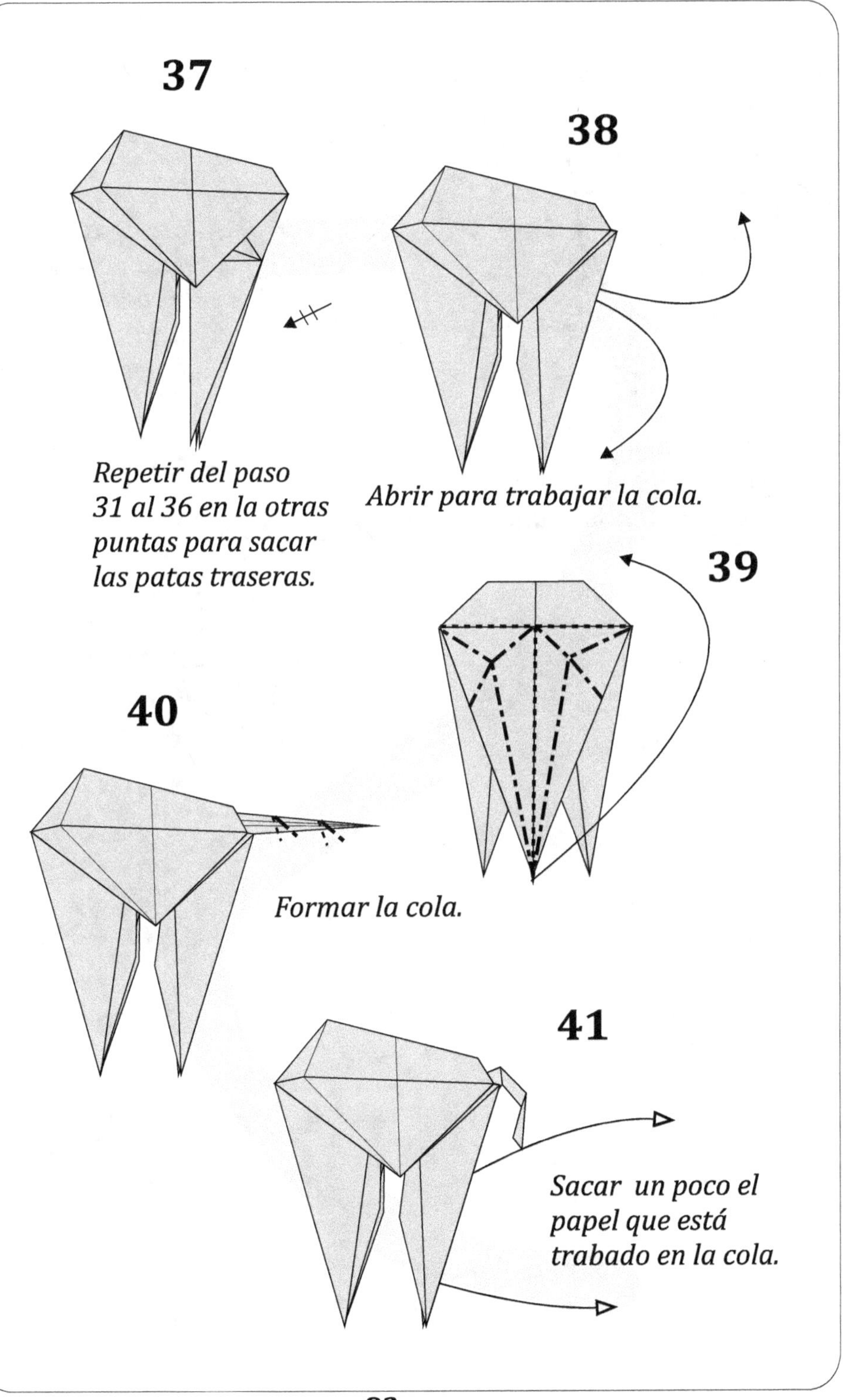

37
38
39
40
41
Repetir del paso 31 al 36 en la otras puntas para sacar las patas traseras.
Abrir para trabajar la cola.
Formar la cola.
Sacar un poco el papel que está trabado en la cola.

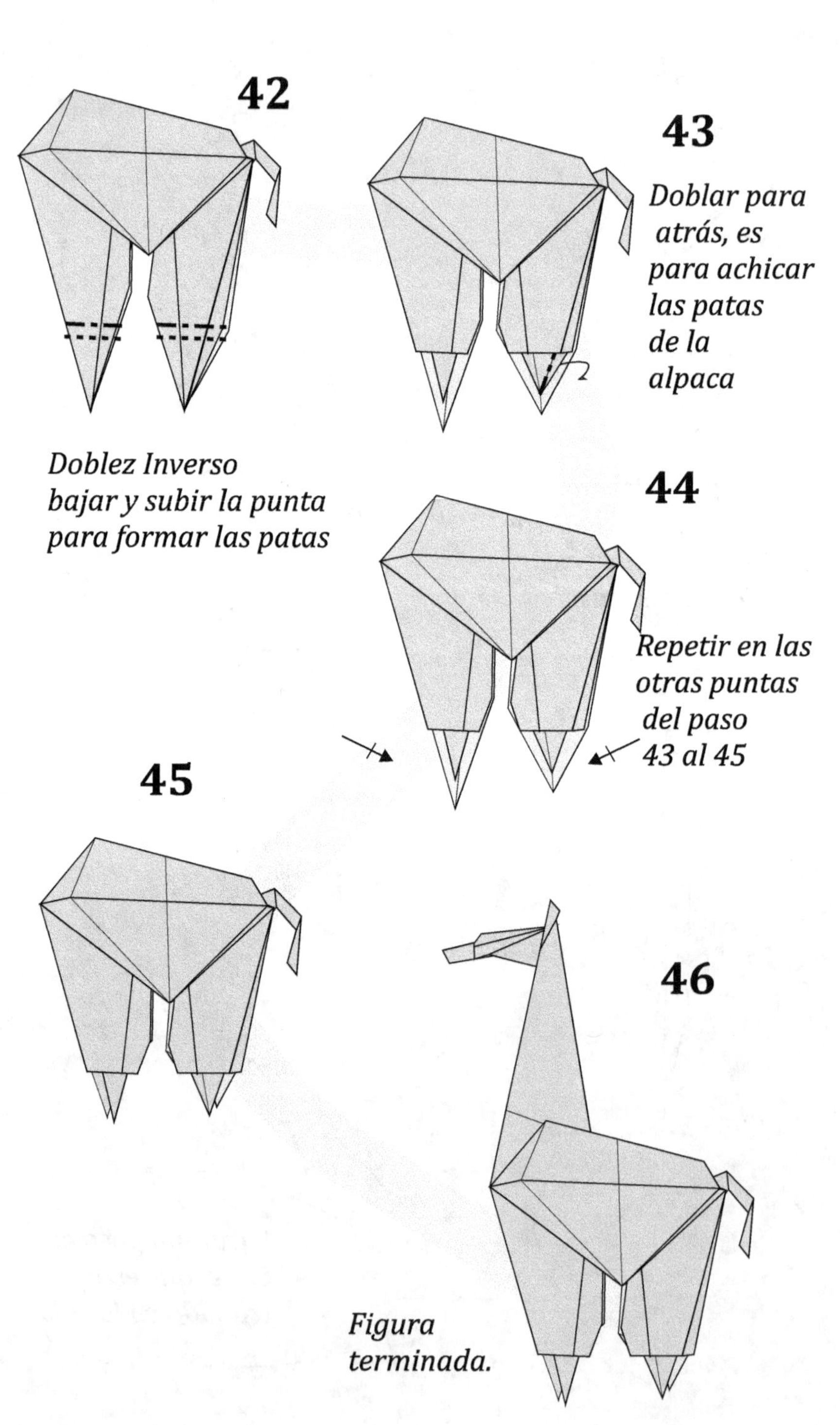

42

*Doblez Inverso
bajar y subir la punta
para formar las patas*

43

*Doblar para
atrás, es
para achicar
las patas
de la
alpaca*

44

*Repetir en las
otras puntas
del paso
43 al 45*

45

46

*Figura
terminada.*

Bebé Oso de Anteojos

El siguiente modelo es de nivel básico intermedio de aspecto minimalista orgánico, para ser plegado se requiere papel de dos colores.

La técnica de plegado recomendable es en seco con un papel sanduche de dos colores.

Tamaño del cuadrado: 20 x 20 cm.
Tipo de papel: Doble faz.
Técnica de Plegado: Húmedo o en seco.

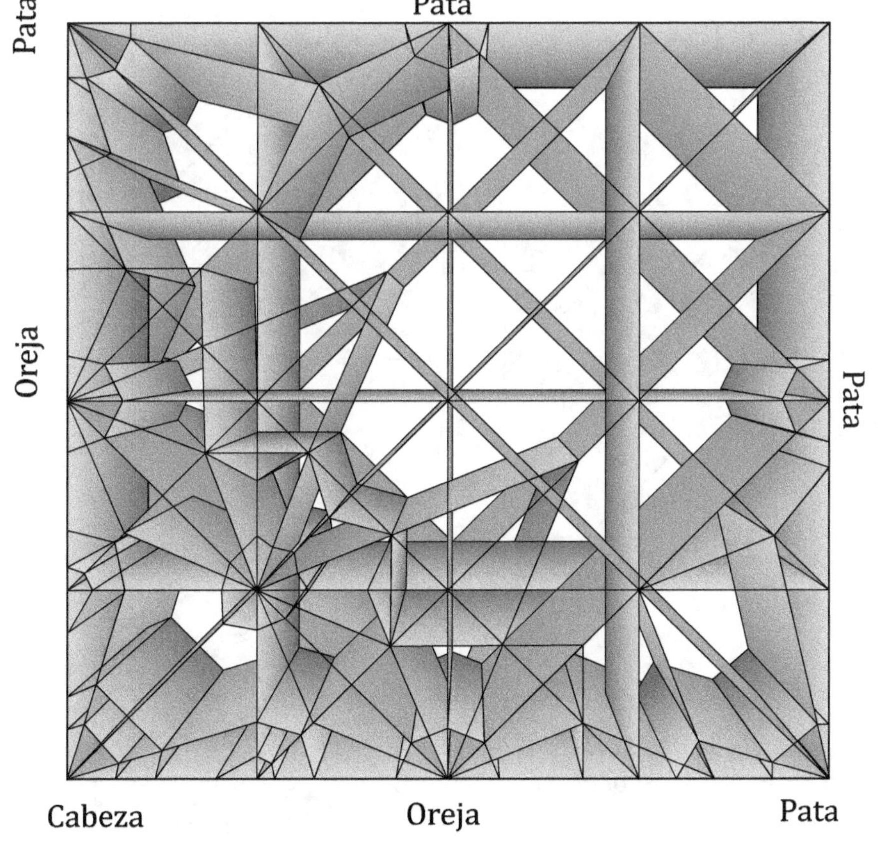

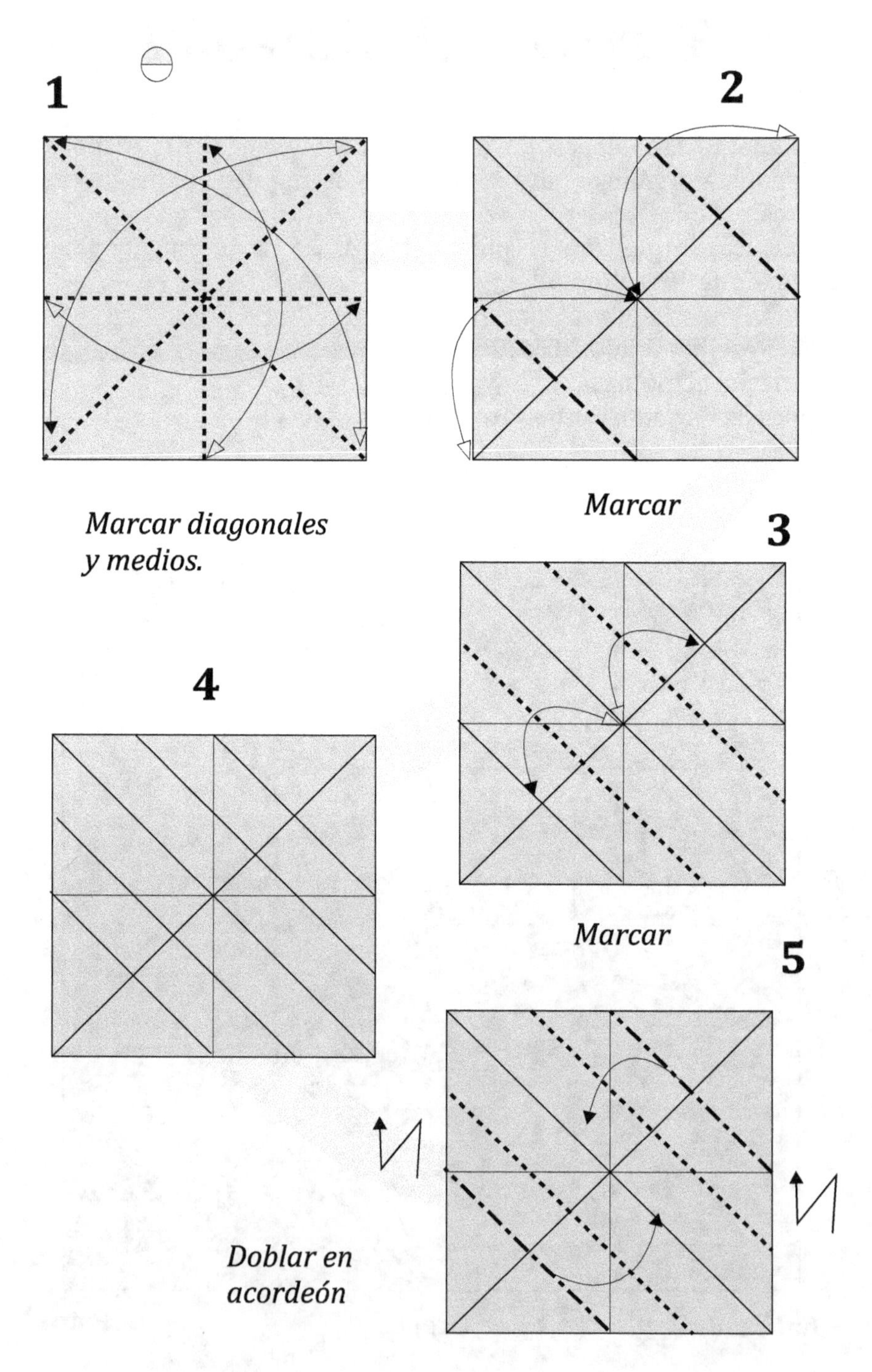

1
Marcar diagonales
y medios.
2
Marcar
3
Marcar
4
5
Doblar en
acordeón

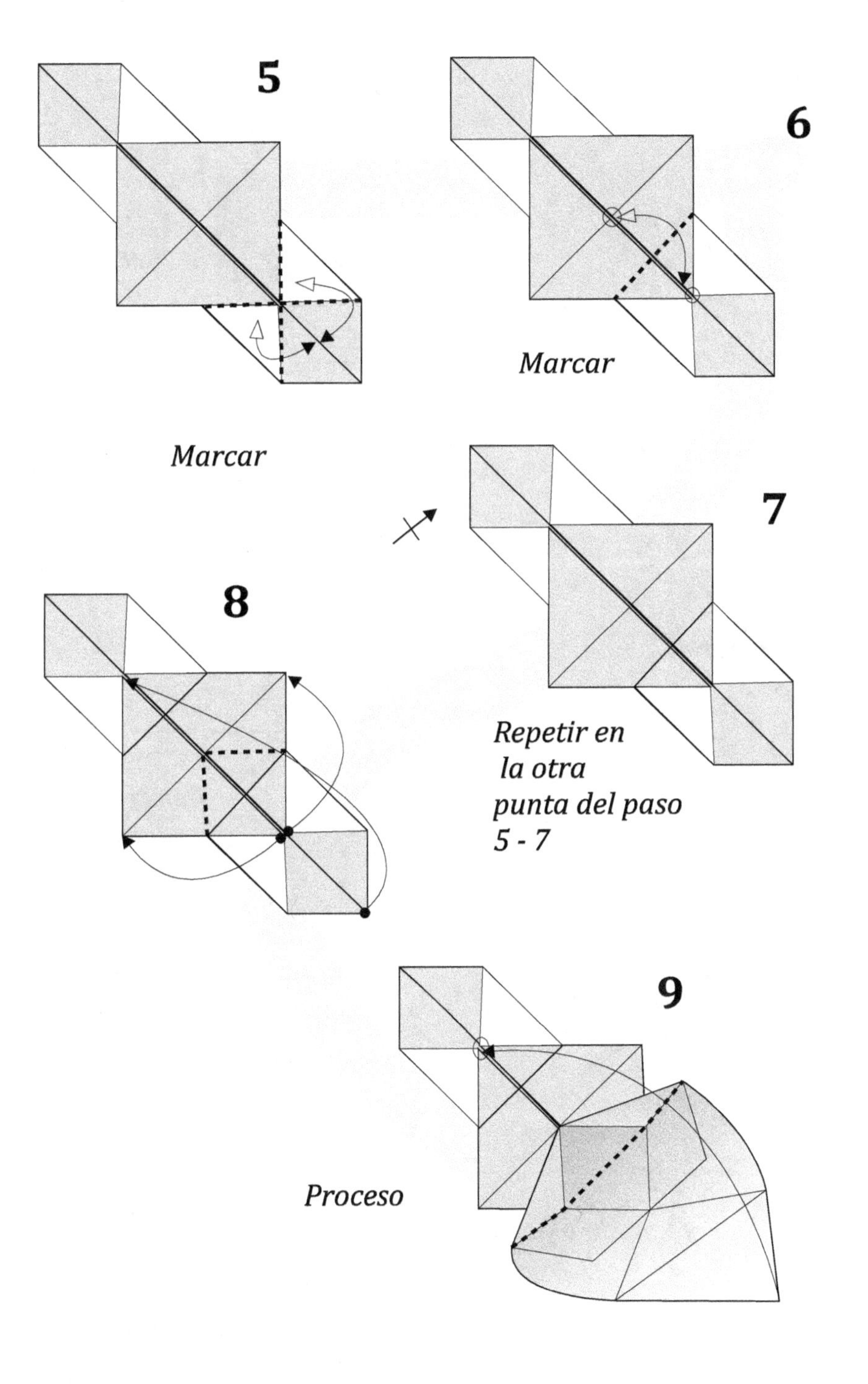

5
Marcar
6
Marcar
7
Repetir en
la otra
punta del paso
5 - 7
8
9
Proceso

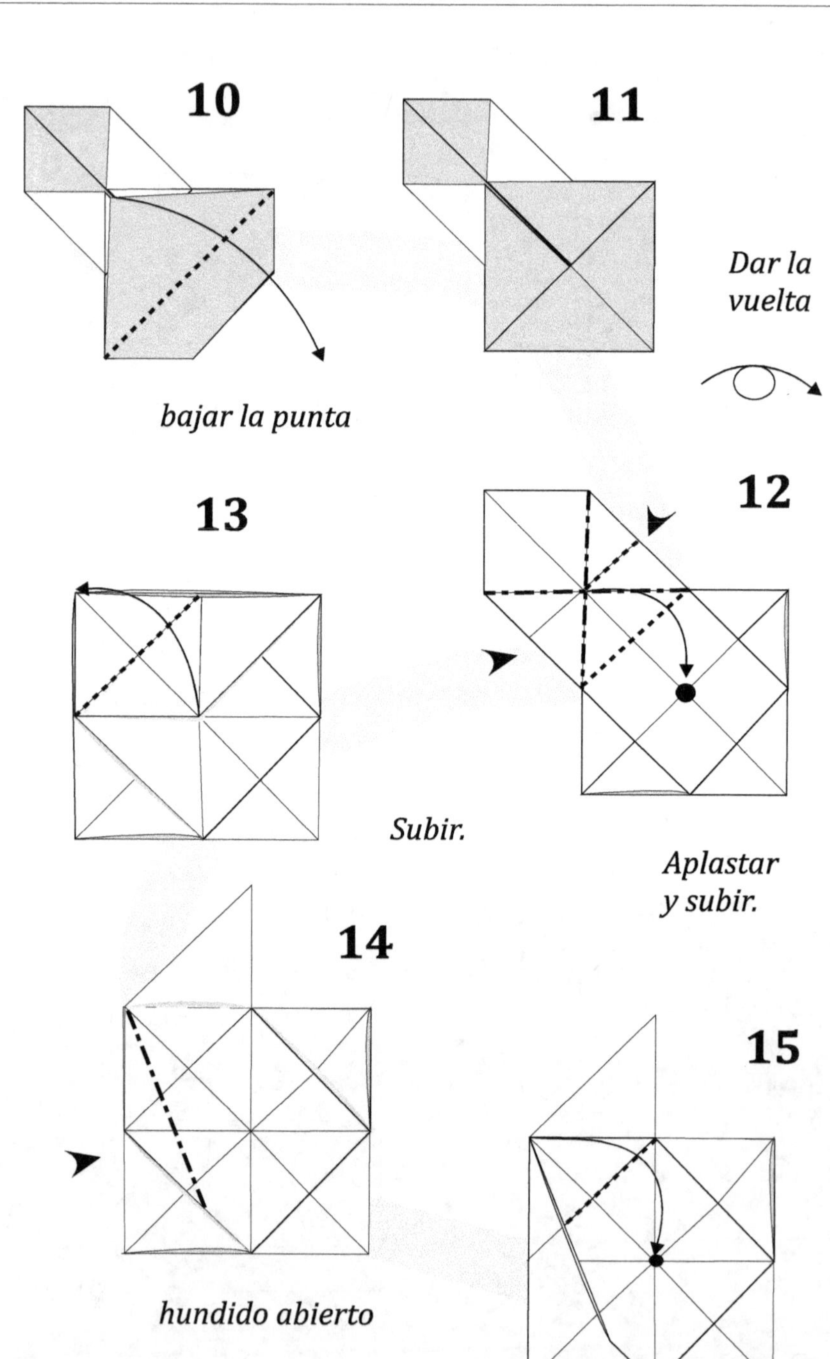

10
11
Dar la vuelta
bajar la punta
13
12
Subir.
Aplastar y subir.
14
15
hundido abierto
bajar la punta

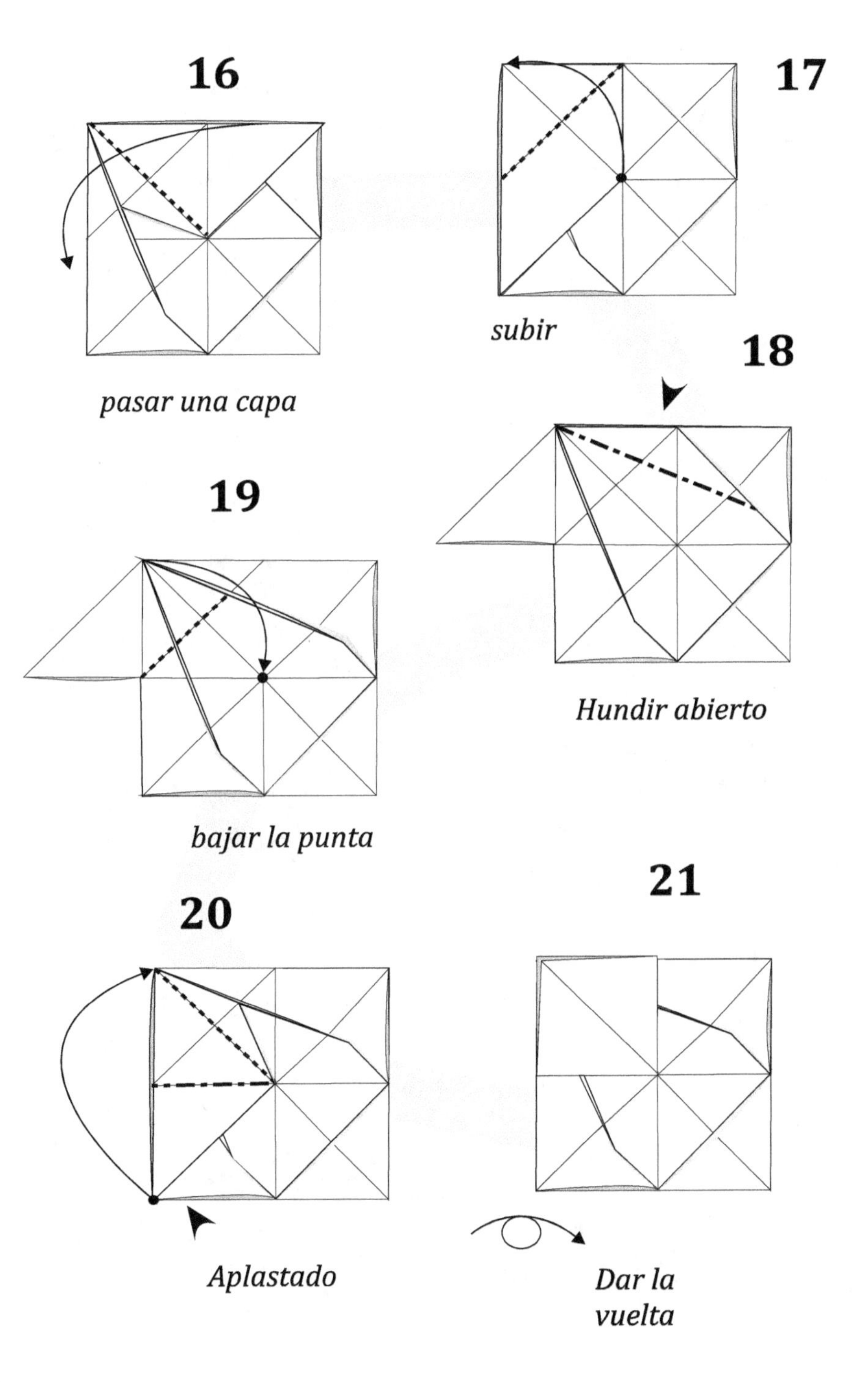

16
17
subir
pasar una capa
18
Hundir abierto
19
bajar la punta
20
21
Aplastado
Dar la
vuelta

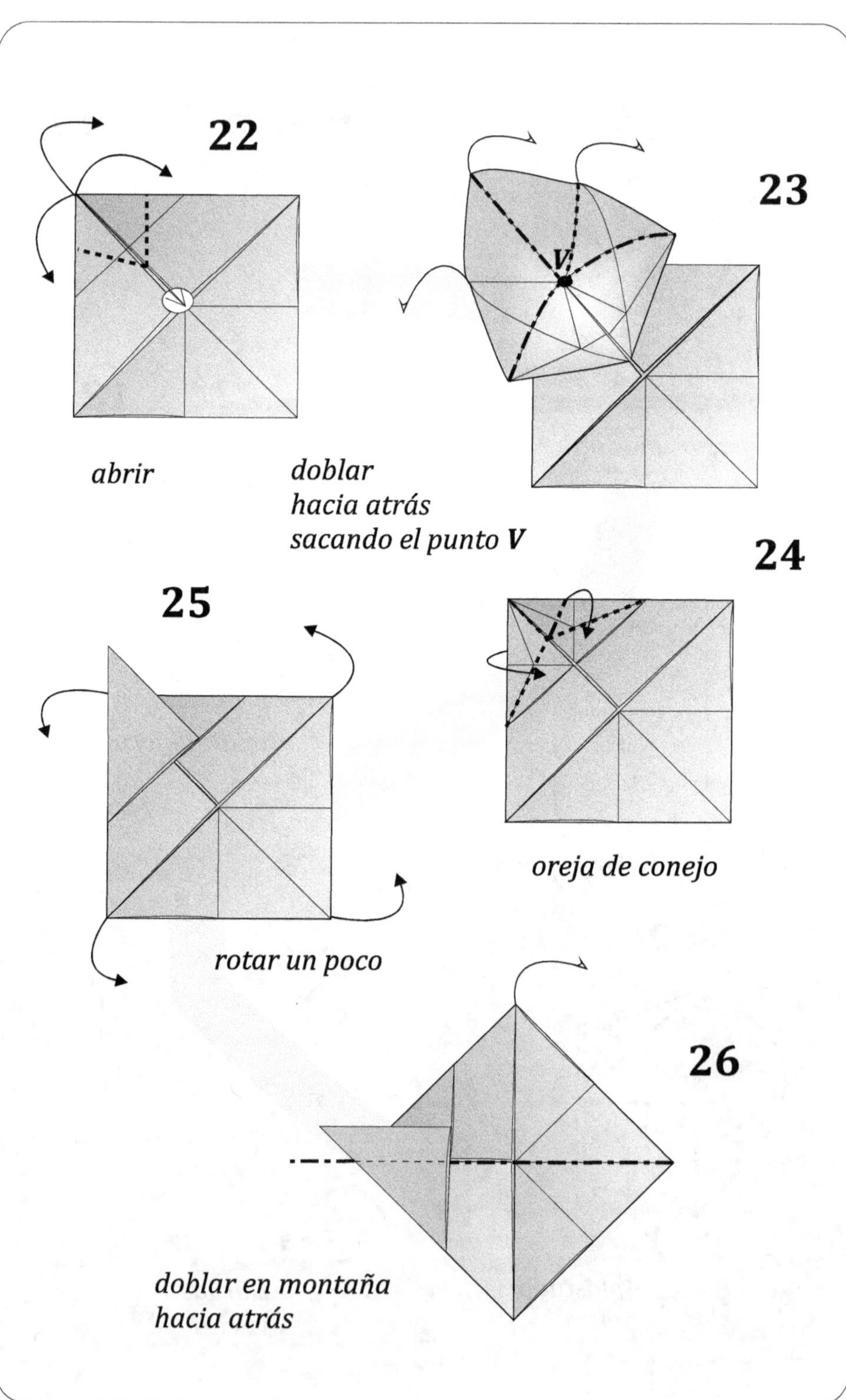

22
abrir
23
doblar
hacia atrás
sacando el punto V
V
24
25
oreja de conejo
rotar un poco
26
doblar en montaña
hacia atrás

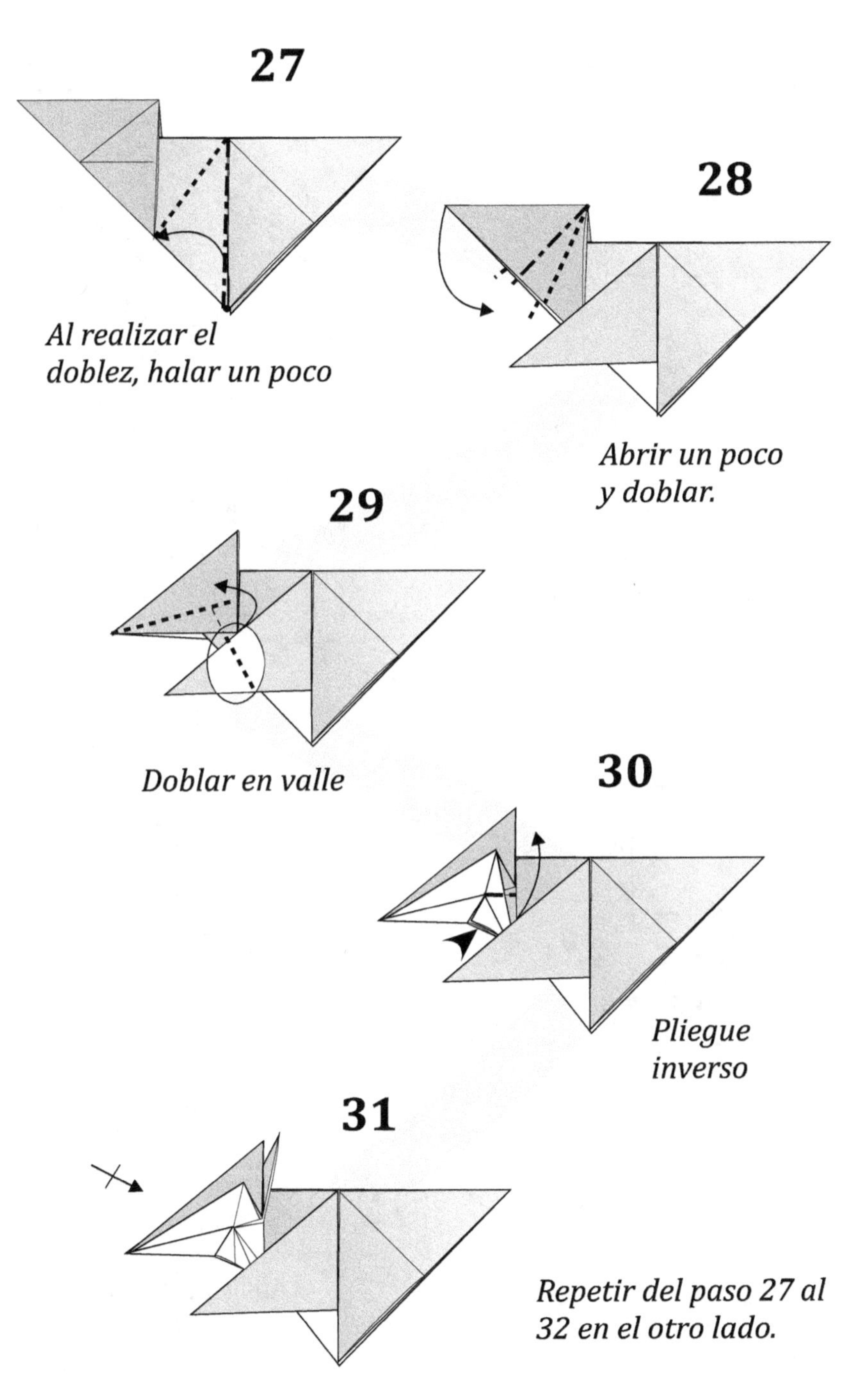

27
Al realizar el
doblez, halar un poco
28
Abrir un poco
y doblar.
29
Doblar en valle
30
Pliegue
inverso
31
Repetir del paso 27 al
32 en el otro lado.

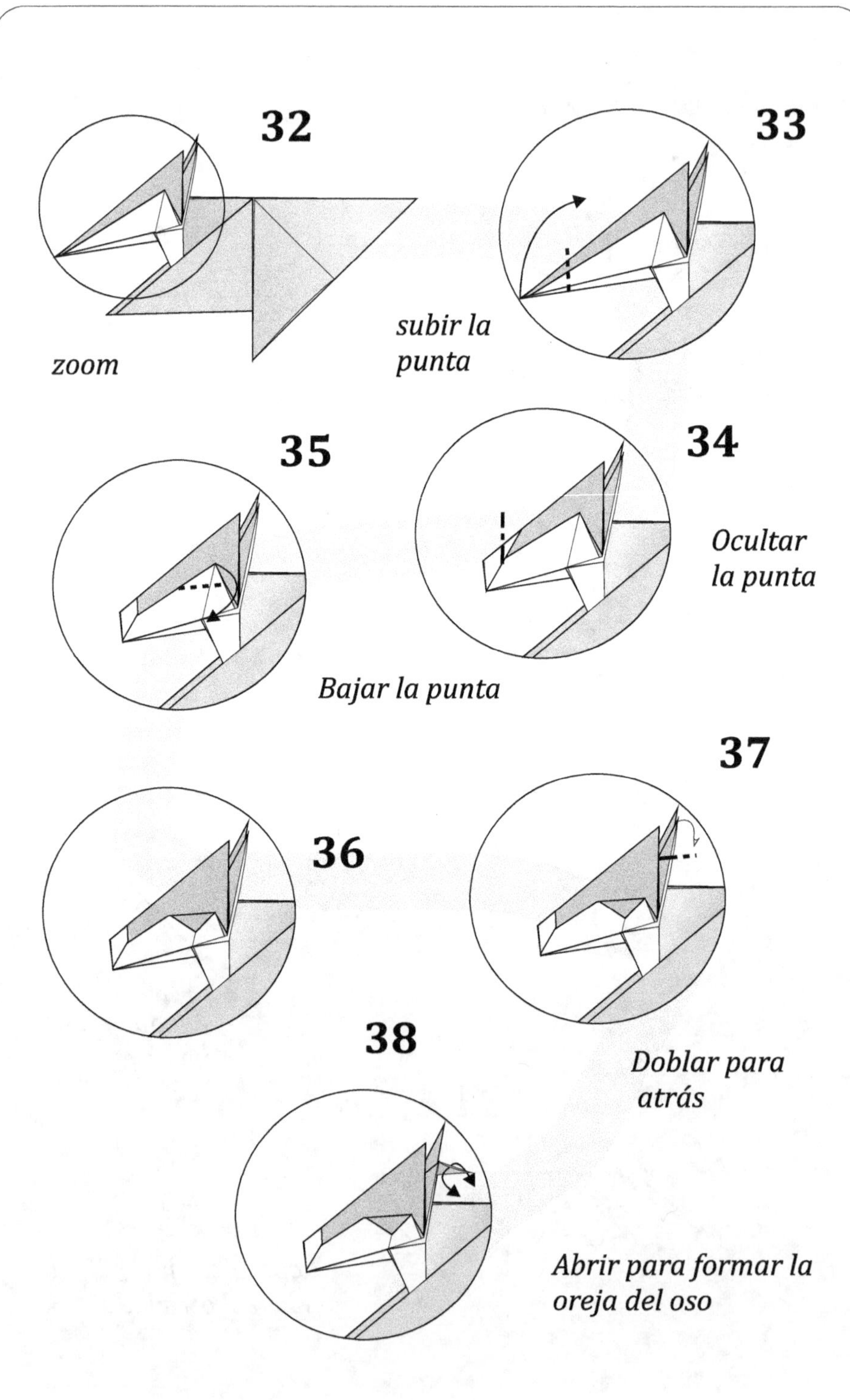

32
zoom
33
subir la
punta
35
34
Ocultar
la punta
Bajar la punta
37
36
Doblar para
atrás
38
Abrir para formar la
oreja del oso

39

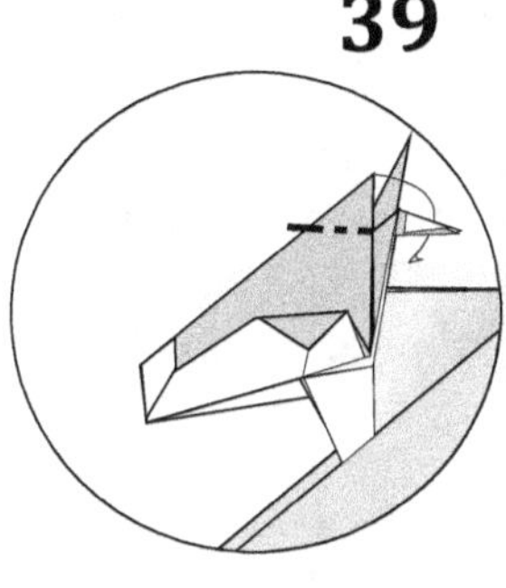

Doblez inverso

40

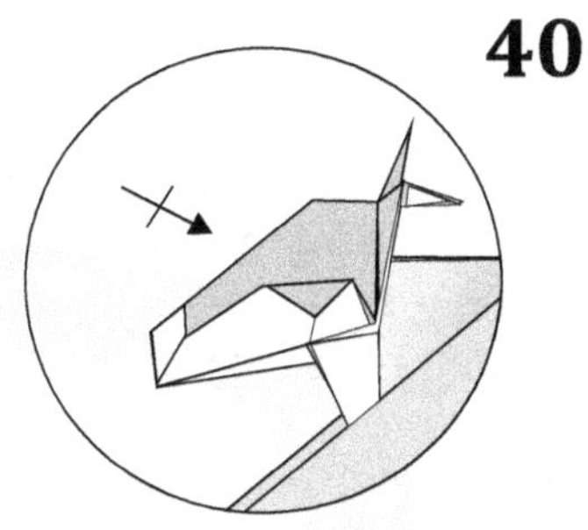

*repetir del
paso 36 al 39*

42

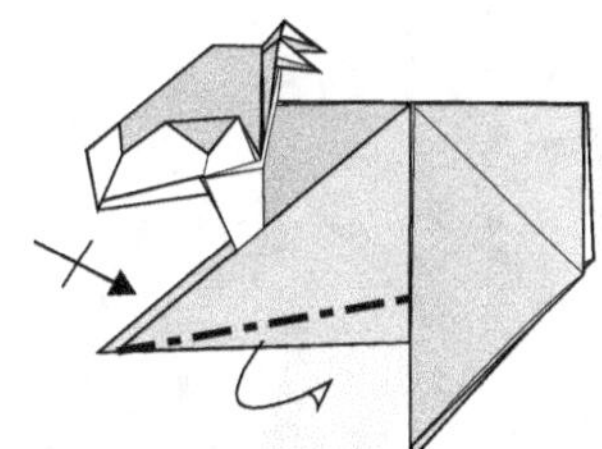

*repetir en el
otro lado*

41

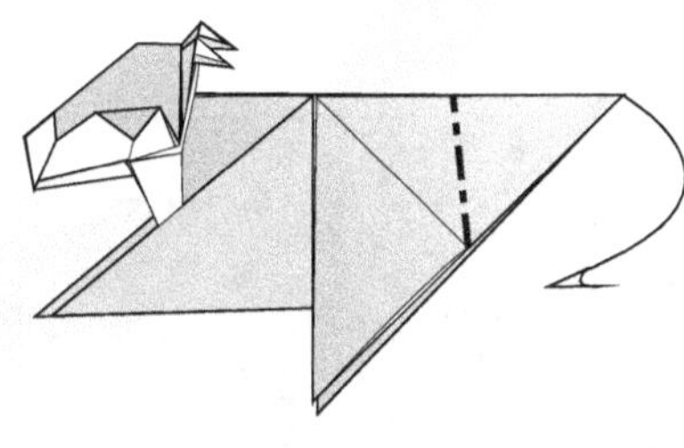

*ocultar
la punta(si se desea se
pude sacar una
pequeña cola)*

43

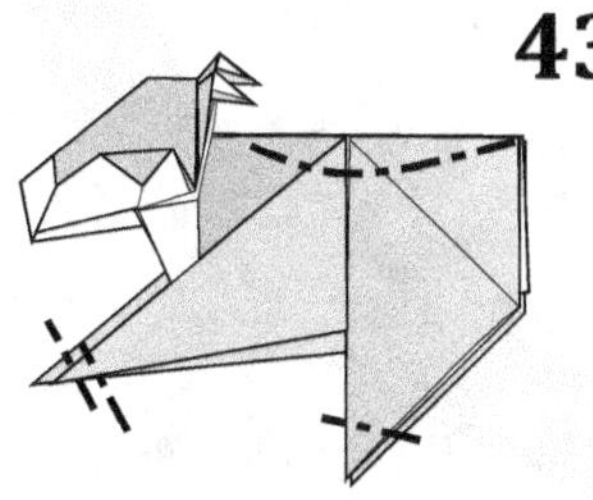

*ocultar
las puntas
y moldear al oso.*

44

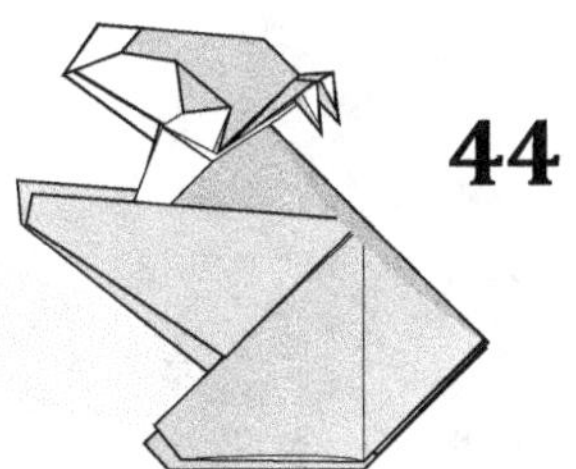

Figura terminada

Pájaro

El siguiente diseño es de nivel básico intermedio. Esta base me permite llevar a cabo varios tipos de pájaros, utilizando la imaginación pueden realizar varios diseños.
El papel recomendado para plegar es de doble color con la técnica de plegado en seco y en húmedo.

Tipo de papel: Doble faz.
Tamaño del Cuadrado: 20 x 20 cm.
Técnica de Plegado: Húmedo o en seco.

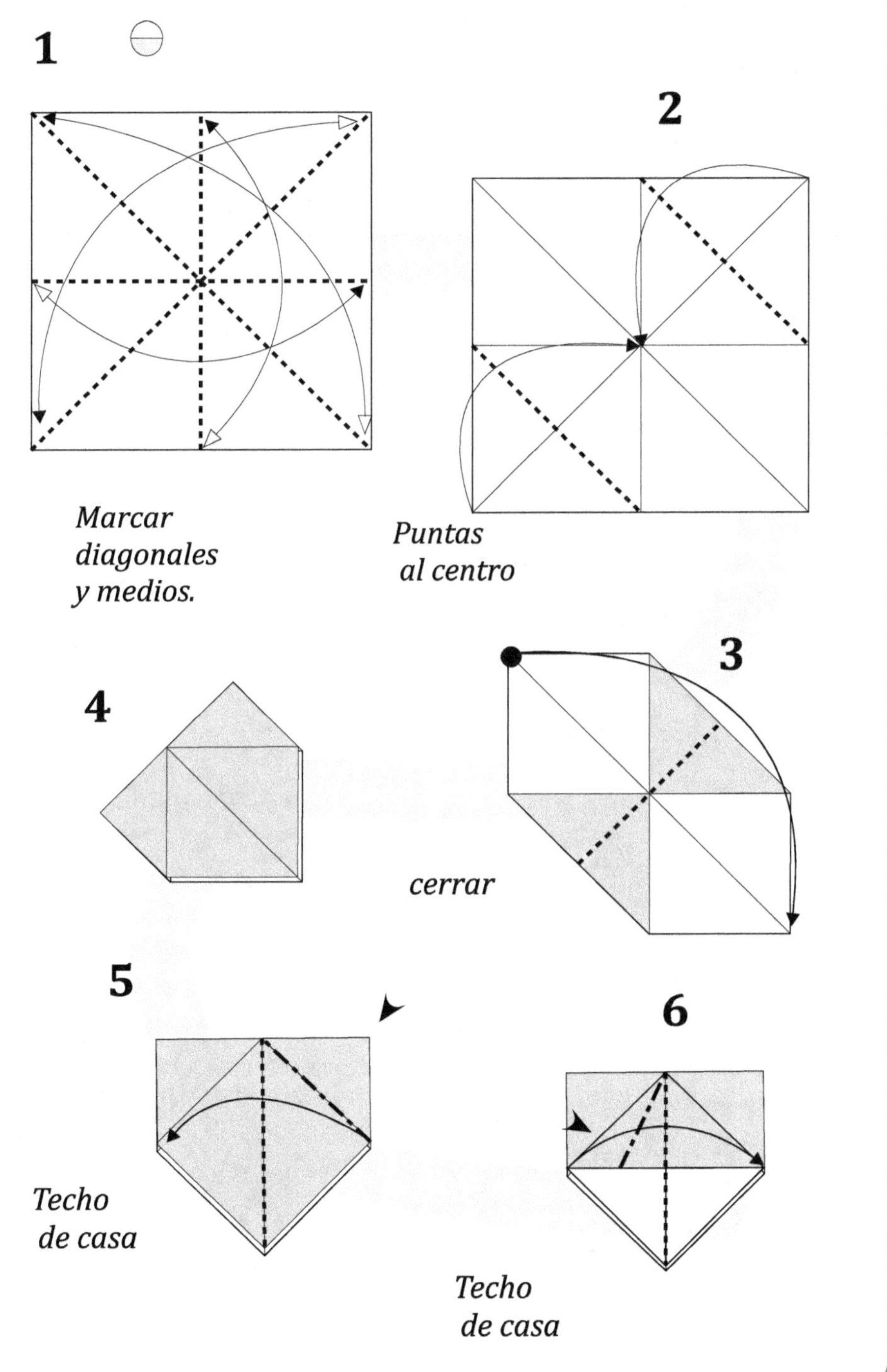

1
Marcar
diagonales
y medios.
2
Puntas
al centro
3
cerrar
4
5
Techo
de casa
6
Techo
de casa

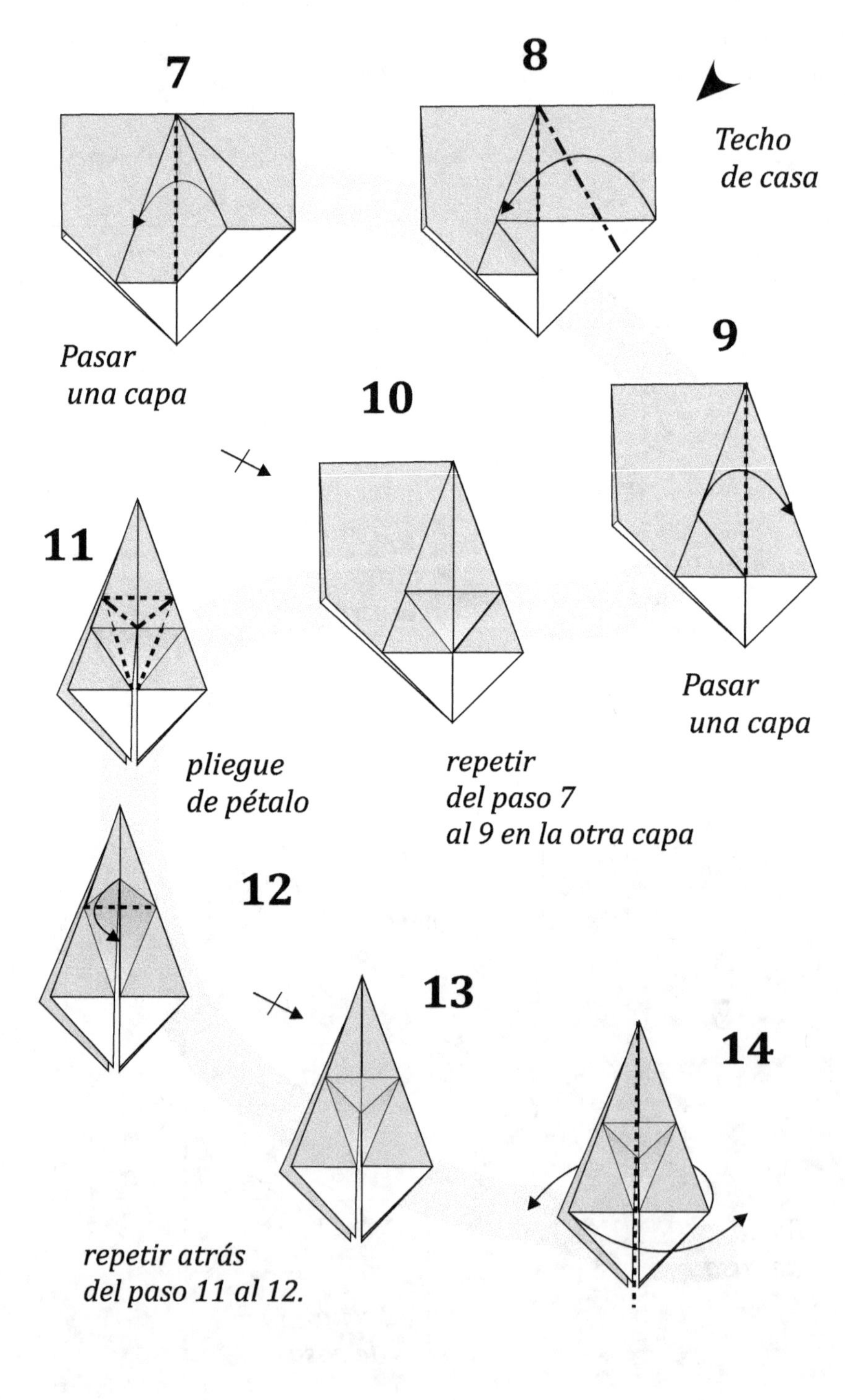

7
Pasar
una capa
8
Techo
de casa
9
Pasar
una capa
10
repetir
del paso 7
al 9 en la otra capa
11
pliegue
de pétalo
12
13
repetir atrás
del paso 11 al 12.
14

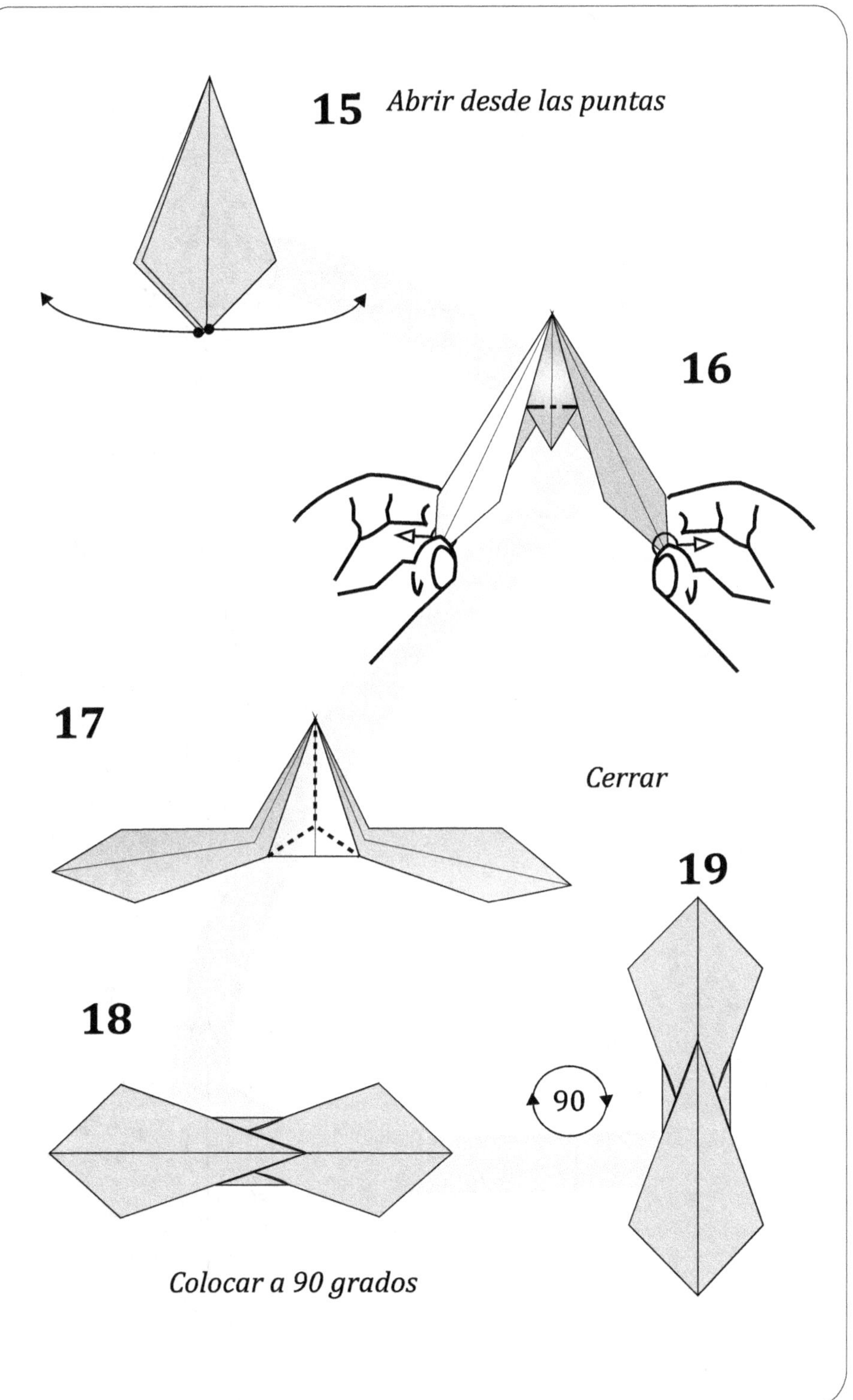

15
Abrir desde las puntas
16
17
Cerrar
19
18
90
Colocar a 90 grados

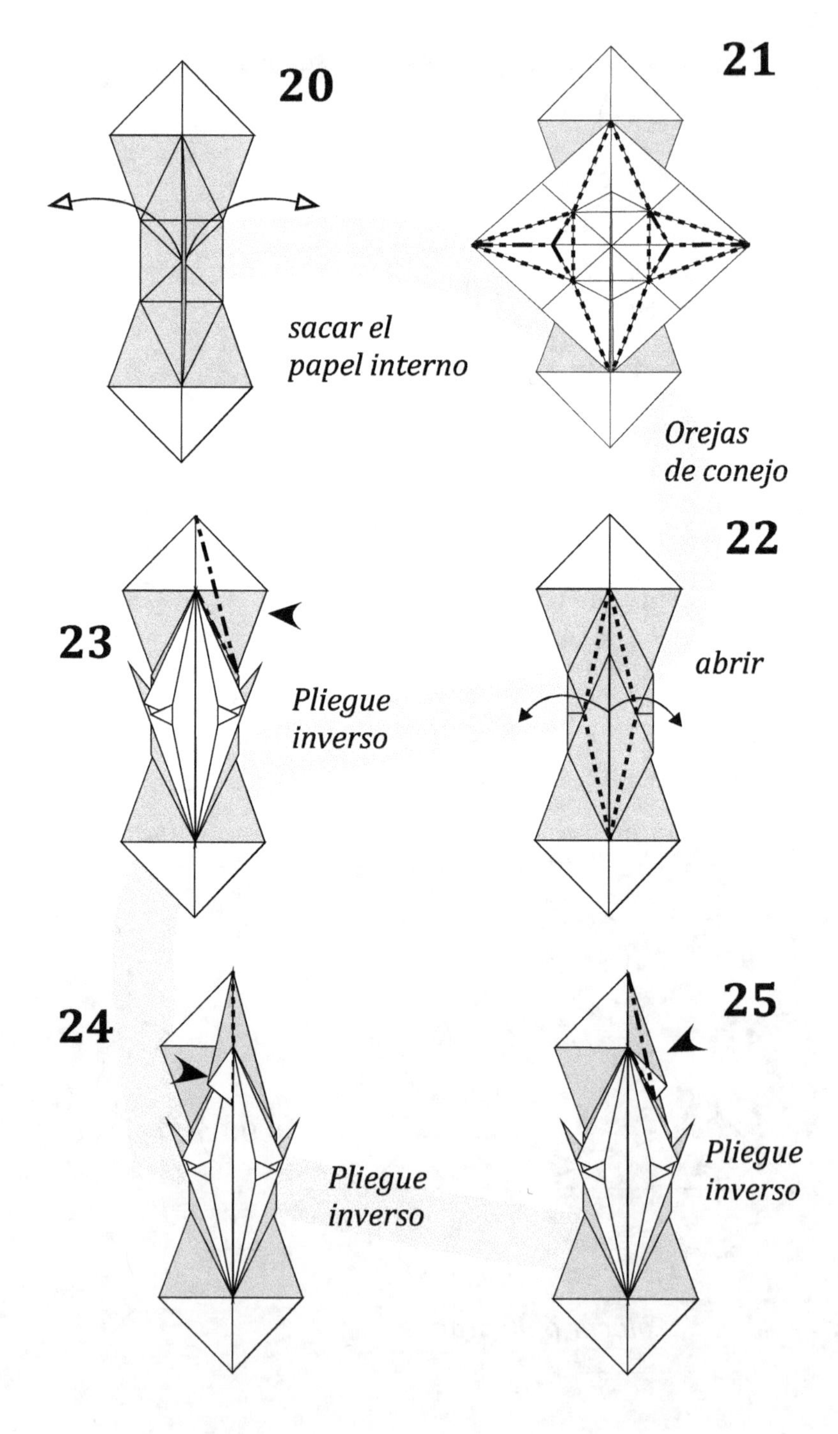

20
sacar el
papel interno
21
Orejas
de conejo
22
abrir
23
Pliegue
inverso
24
Pliegue
inverso
25
Pliegue
inverso

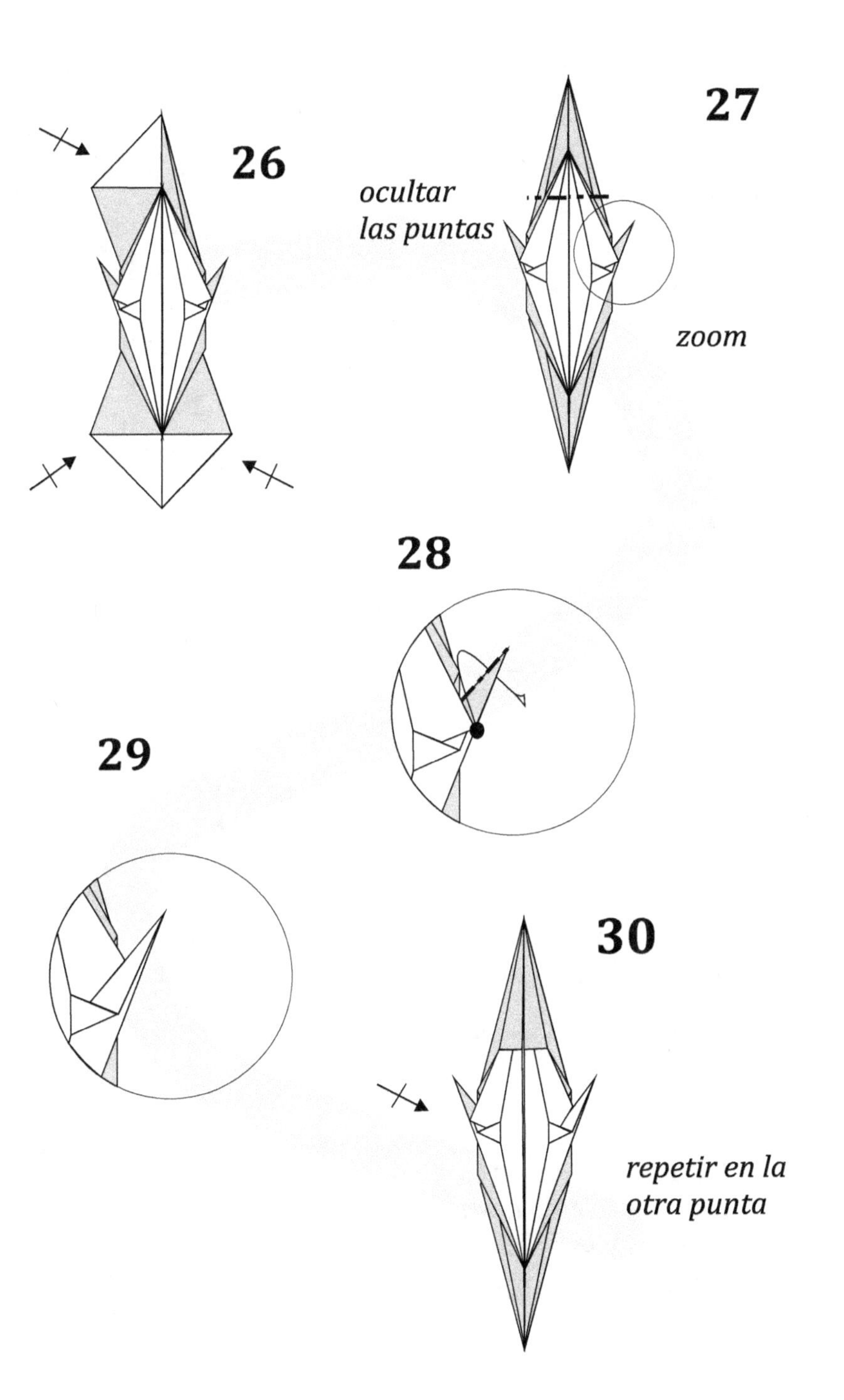

26
27
ocultar
las puntas
zoom
28
29
30
repetir en la
otra punta

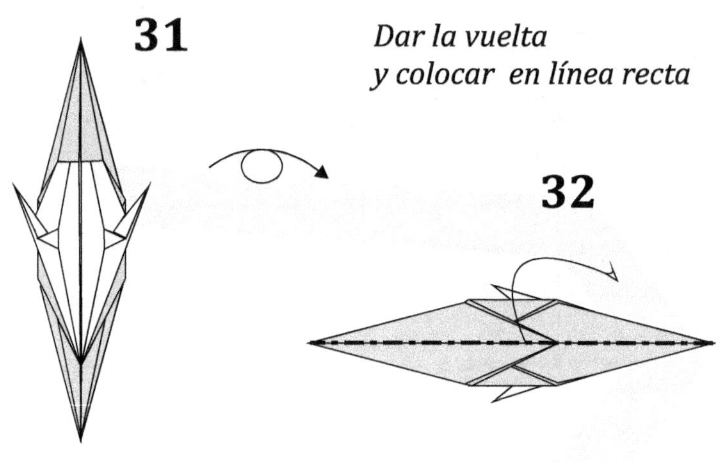

31

*Dar la vuelta
y colocar en línea recta*

32

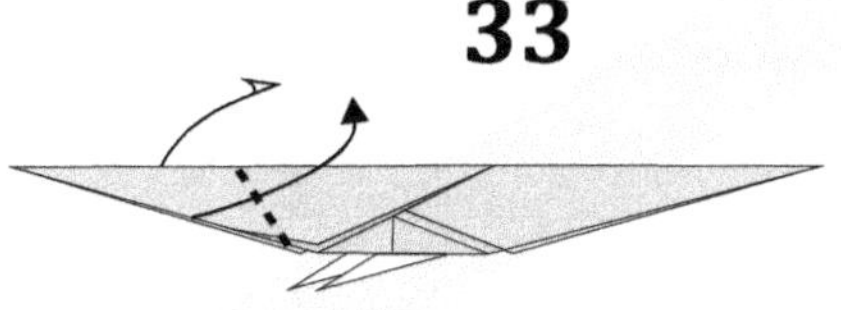

33

Doblar en caperuza.

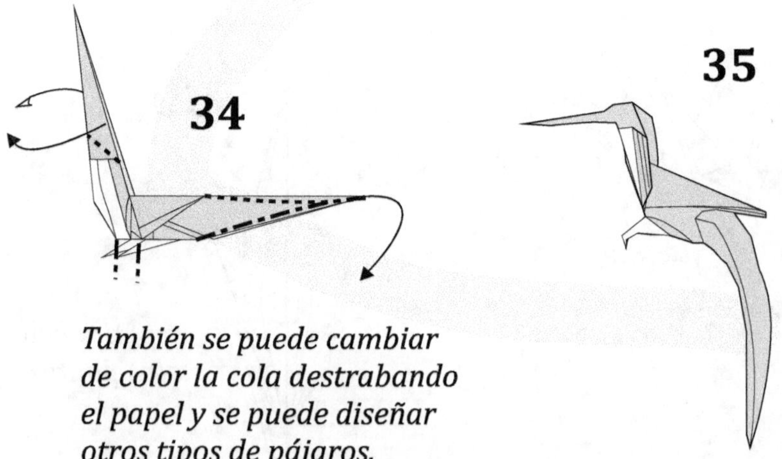

34

35

*También se puede cambiar
de color la cola destrabando
el papel y se puede diseñar
otros tipos de pájaros.*

Zorro

1

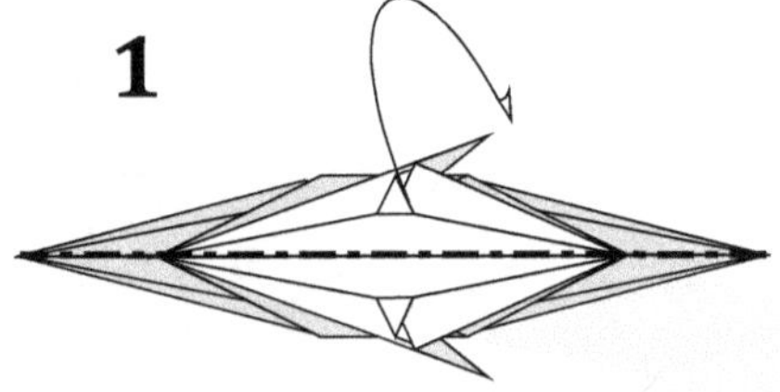

Empezar por el paso 28 del pájaro.

2

3

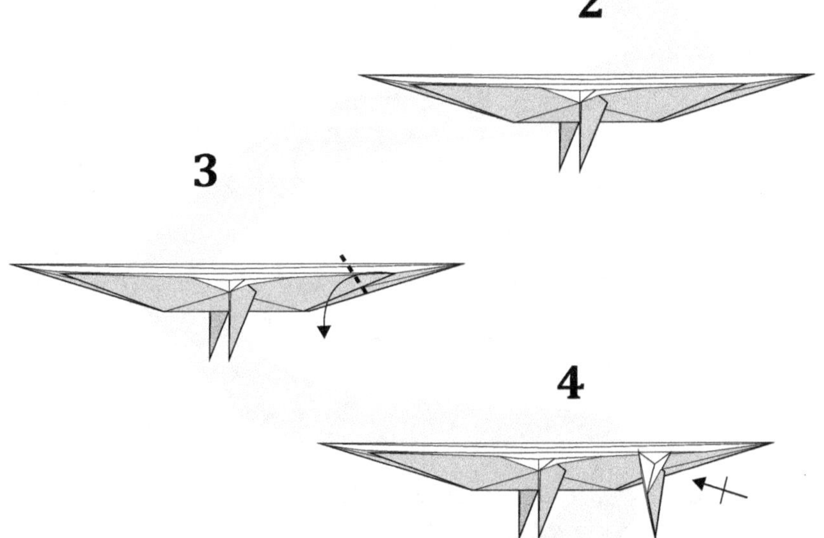

4

Repetir en el otro lado

5

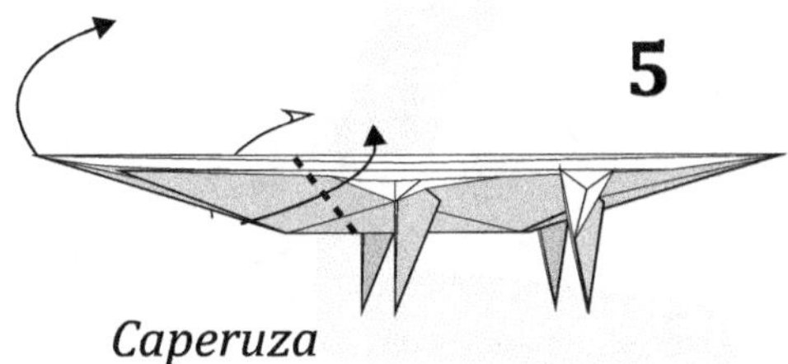

Caperuza

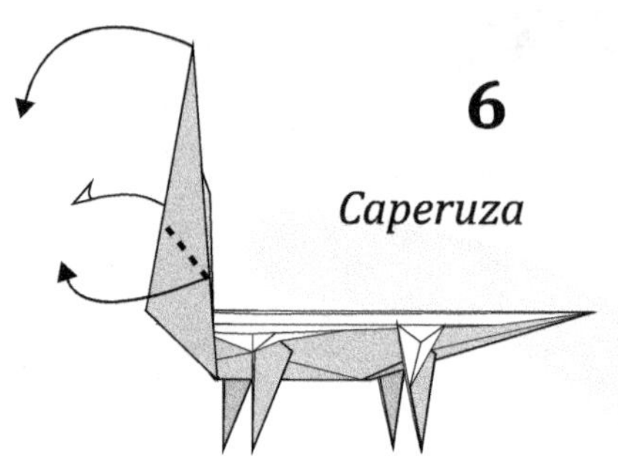

6

Caperuza

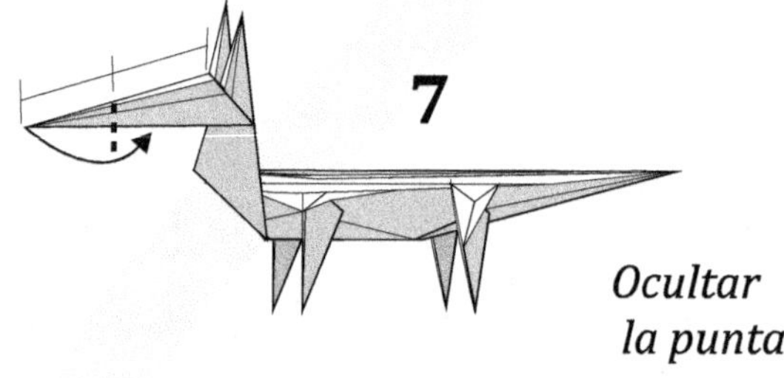

7

*Ocultar
la punta*

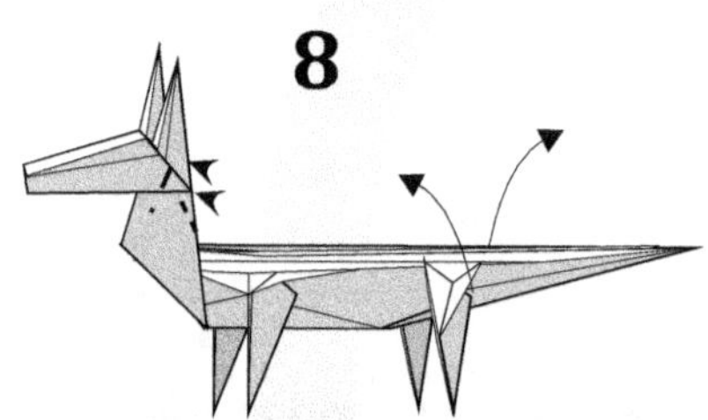

8

*Sacar el papel trabado
para formar la cola.*

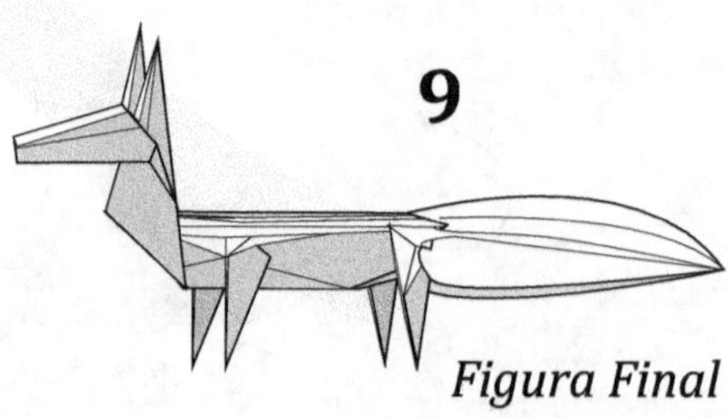

9

Figura Final

Para efectuar el plegado del siguiente diseño se requiere de un papel doble cometa con CMC, para que la figura quede terminada y sea más sencillo moldear, también pueden experimentar con otros tipos de papel

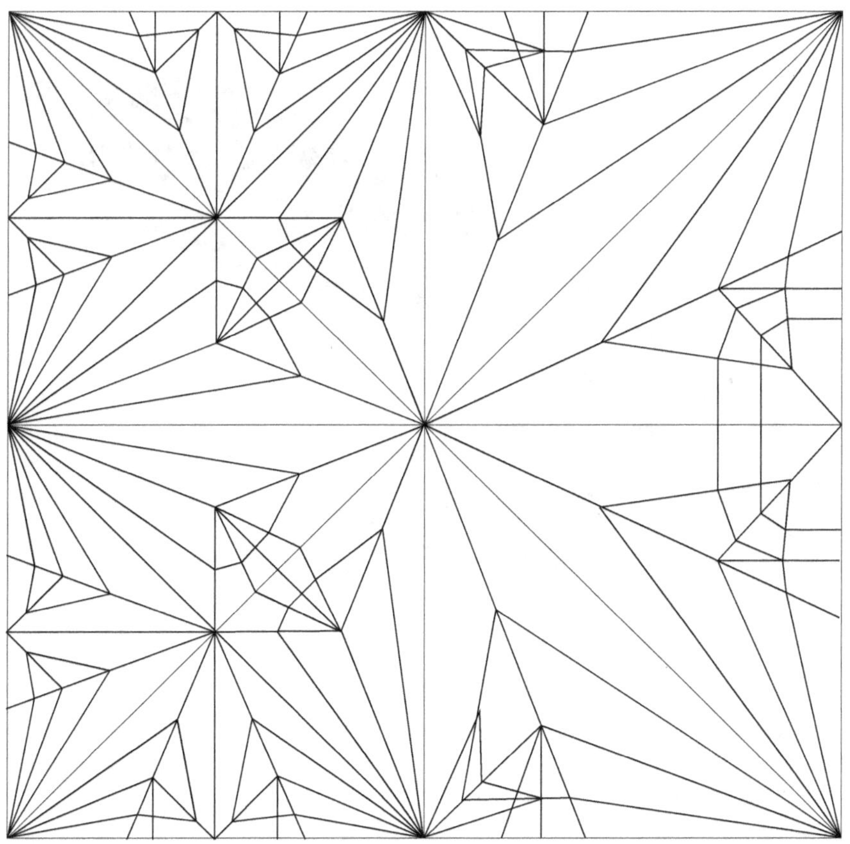

Figuras del libro

Calamar

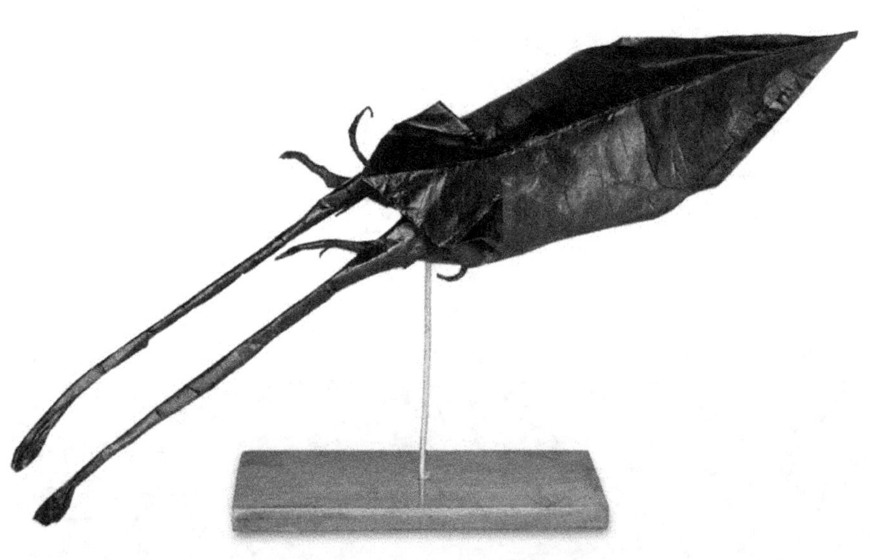

Autor: Pol Espinoza
Plegador: Pol Espinoza
Fotografía: Paúl Guerrero G.
© 2013

Colibrí

Autor: Pol Espinoza
Plegador: Pol Espinoza
Fotografía: Paúl Guerrero G.
© 2013

Cóndor Andino

Autor: Pol Espinoza
Plegador: Pol Espinoza
Fotografía: Paúl Guerrero G.
© 2013

Papagayo

Autor: Pol Espinoza
Plegador: Pol Espinoza
Fotografía: Paúl Guerrero G.
© 2013

Toro

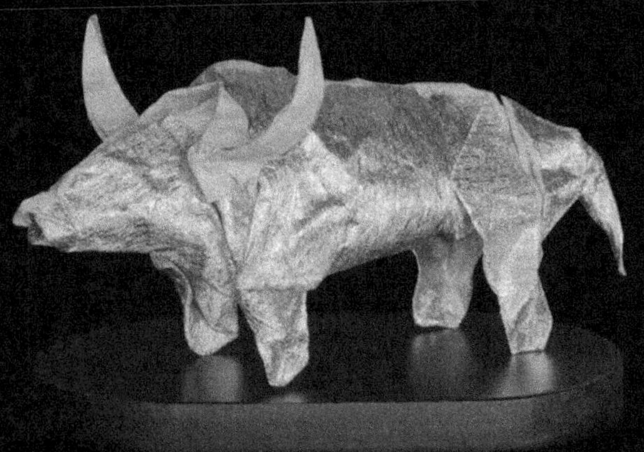

Autor: Pol Espinoza
Plegador: Pol Espinoza
Fotografía: Paúl Guerrero G.
© 2013

Grulla Heart

Autor: Pol Espinoza
Plegador: Pol Espinoza
Fotografía: Paúl Guerrero G.
© 2013

Zorro Principito

Autor: Pol Espinoza
Plegador: Pol Espinoza
Fotografía: Paúl Guerrero G.
© 2013

Tiburón

Autor: Pol Espinoza
Plegador: Pol Espinoza
Fotografía: Paúl Guerrero G.
© 2013

Alpaca

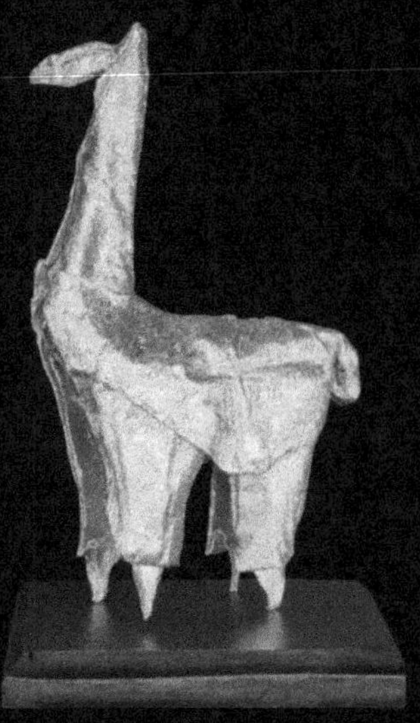

Autor: Pol Espinoza
Plegador: Pol Espinoza
Fotografía: Paúl Guerrero G.
© 2013

Bebé Oso de Anteojos